Kritische Beleuchtung

der Übergriffe

der

historischen Schule und der Philosophie

in der Rechtswissenschaft.

Von

Richard Goldschmidt,

Landrichter in Posen.

Berlin und Leipzig.

Verlag von J. Guttentag

(D. Collin).

1886.

Vorwort.

Der Titel meiner Abhandlung klingt so, als wenn ich das Bedürfniß fühlte, etwas wesentlich Neues zu sagen. Darin liegt bei dem hohen Standpunkt unserer Wissenschaft, ihrem Alter, der literarischen Ueberproduktion unserer Zeit eine mir selber unheimliche Kühnheit. Ich mag diese Kühnheit jedoch weder verleugnen noch bemänteln und während ich es geduldig ertragen will, wenn man meine Schrift nicht lobt, sie widerlegt oder unbeachtet läßt, beanspruche ich für den Muth meines Unternehmens die Devise: Honny soit, qui mal y pense. Die Verbreitung des Hanges, die literarischen Erscheinungen selbst und nicht nur über dieselben zu lesen, steht auf leicht erklärliche Weise im umgekehrten Verhältnisse zu der Fülle der literarischen Produktion. Jeder Autor ist es sich deshalb selbst schuldig, den Kompilatoren und Kritikern, soweit sie von seiner Schrift Notiz nehmen wollen, die schwierige Aufgabe zu erleichtern, die Tendenz der Schrift in kurzen Worten wiederzugeben. Zu diesem Zwecke habe ich meinem Titel nur Weniges hinzuzufügen. Wenn ich in demselben von den Uebergriffen der historischen Schule spreche, so sind solche nach meiner Auffassung nur auf dem Gebiete des Civilrechts zu suchen. Ich weiß es wohl, daß viele tüchtige Juristen von einer Beeinträchtigung der nach ihrer Ansicht ganz unproduktiven Philosophie durch die historische Schule nichts wissen wollen. Ich spreche aber nicht von jener Philosophie, die in schwer verständlichen Worten zu erklären sucht, was der unbefangenen Denkweise offenkundig ist und in noch schwerer verständlichen Spekulationen zu entdecken trachtet, was dem tiefsten menschlichen Denken verschlossen bleiben muß. Vielleicht werden jene Juristen anders gestimmt, wenn sie sehen, daß die Philosophie, von der ich spreche, sich mehr oder weniger in unserer Wissenschaft schon längst breit gemacht hat, durch den Einfluß der historischen Schule aber nicht als solche anerkannt wird und deshalb an Unklarheit leidet. Fast noch mehr hoffe ich für meine Tendenz von dem an erster Stelle versuchten Nachweis, daß auch die römischen Juristen sich bei Darstellung ihres Rechts von solchen philosophischen Betrachtungen nicht freigehalten haben, wir sie aber hierin nur deshalb nicht verstehen konnten, weil uns die Berechtigung solcher philosophischen Betrachtungen nicht zum Bewußtsein gekommen ist und wir aus diesem Grunde am wenigsten darauf vorbereitet waren, dieselben bei den Römern zu vermuthen. Wenn das, was mir im Geiste lebt, sich bewahrheitet, so wird einst der allgemeine Theil eines Lehrbuchs des Civilrechts das einzelne positive Recht nur zur Exemplifikation heranziehen und werden dadurch die juristischen Begriffe keinen Abbruch erdulden, sondern gefördert werden. —

Die im Titel erwähnten Uebergriffe der Philosophie finde ich jedoch wiederum umgekehrt nur im Strafrechte vor. Bei derartig entgegengesetzten Angriffen möchte ich mich vor dem Verdachte wahren, daß weniger der Mangel unserer wissenschaftlichen Methode als das Gefallen an der Opposition gegen dieselbe meiner Abhandlung die Tendenz gegeben hat. Das im strafrechtlichen Theile der Abhandlung erörterte Thema soll darthun, daß man im Strafrechte an die philosophischen Rechtsbetrachtungen, die außerhalb des einzelnen positiven Rechts stehen, die unerfüllbare Zumuthung gestellt hat, aus sogenannten inneren Gründen der Willkür unterworfenes positives Recht zu schaffen. Als Prinzip ergiebt sich aber auch hier wie beim Civilrecht, daß wir unbewußt jenen philosophischen Betrachtungen in unserer Wissenschaft mehr und mehr verfallen, das Wesen derselben aber geradezu verkennen und sie, sit venia verbo, mit nicht verläßlichen Prämissen erörtern. Um dieses letztere zu erweisen, habe ich zu zeigen versucht, daß der erhabenste Gerichtshof Deutschlands, welcher unbestritten dessen größte juristische Leistungsfähigkeit repräsentirt, indem er sich in jene Betrachtungen verliert, zu Konsequenzen gelangt, welche unser Denkvermögen der Kausalität der Möglichkeit berauben würden.

Schließlich muß ich noch erwähnen, daß ich der abstrakten Tendenz meiner Arbeit durch konkrete Beispiele zu nützen glaubte und sich deshalb die Darstellung aus Beispielen, deren Wahl mehr oder weniger willkürlich getroffen ist, zusammensetzt.

Inhaltsverzeichniß.

A. Civilrecht.

Seite

Einleitung 1

Kapitel I. Entstehung der Obligationen als Beispiel eines philosophischen Rechtsproblems. 4

§ 1. Historische Uebersicht über die Auffassung der Begriffe Quasi-Kontrakt und Quasi-Delikt. 4

§ 2. Kritik des heutigen Standpunkts bezüglich der Entstehung der Obligationen. 10

§ 3. Kritik des römischen Standpunkts. 12

§ 3a. Fortsetzung der Kritik des römischen Standpunkts. Erklärung der Quasi-Kontrakte und Quasi-Delikte. 15

Kapitel II. Rechtsprobleme, welche innerhalb der systematischen Darstellung des positiven Rechts stehen, aber für jedes Rechtssystem gleiche Bedeutung haben und nicht dogmatisch, sondern dialektisch zu entwickeln sind. 25

§ 4. Versuch einer prinzipiellen Ableitung der gewissermaßen internationalen Rechtsprobleme. 25

§ 5. Die Fiktion. 30

§ 6. Andeutung des allgemeinen Begriffs der juristischen Person, des Eigenthums und des Pfandrechts. 33

B. Strafrecht.

Kritik der Reichsgerichtsentscheidungen über die Strafbarkeit des Versuchs mit absolut untauglichen Mitteln und am absolut untauglichen Objekte. 45

A. Civilrecht.

Einleitung.

Als das römische Recht in Deutschland recipirt wurde, herrschte die Meinung, daß jeder Satz desselben auf logischer Nothwendigkeit beruhe. Als man des Irrthums gewahr wurde, tauchte der Versuch auf, an Stelle des römischen Rechts ein philosophisches zu konstruiren. Die historische Schule hat diesen Versuch anscheinend zur allgemeinen Zufriedenheit glücklich beseitigt und dennoch muß es erlaubt sein, in Frage zu ziehen, ob die Methode für unsere Wissenschaft unabänderlich feststehend ist.

Das Unterfangen der philosophischen Schule, aus den Spekulationen über Begriff und Wesen des Rechts ein lebendiges Rechtssystem abzuleiten, erscheint nicht minder kühn und vergeblich, als eine lebende Sprache aus den Spekulationen über ihr Wesen und ihren Begriff schaffen zu wollen. Praktische Resultate können solche Spekulationen direkt überhaupt niemals ergeben, nur eine täuschende Schlußfolgerung wird solche ziehen zu können vermeinen. So hat Weber in seinem berühmten Buche über natürliche Verbindlichkeiten die vielleicht verfehlte wissenschaftliche Ausdrucksweise des Quasi-Kontrakts und der Fiktion angegriffen, gleich, als wenn das geltende Recht unter diesen theoretischen Ausdrücken gewaltig leiden müßte. Und dennoch beruhen die wenigen Beispiele, welche er zum Erweise des praktischen Nachtheils aufzuführen sich abgemüht hat, auf willkürlichen Schlußfolgerungen und sind deshalb nichts beweisend. Ueberall hat die philosophische Schule nicht klar unterschieden zwischen Gebieten des wissenschaftlichen Denkens und denjenigen des thatsächlichen Inhalts des positiven Rechts, und gerade aus dieser mangelhaften Unterscheidung ist die Möglichkeit ihres

Strebens und ihres Irrthums, ein Recht aus dem reinen Denken abzuleiten, zu erklären.

Erstaunlich aber ist es, daß wir heutzutage, da doch die entgegengesetzte Richtung der historischen Schule die Alleinherrschaft besitzt, dieselben Erscheinungen finden. So ist bis in die neueste Zeit der Kampf gegen Quasi-Kontrakte und Fiktionen wach geblieben. Während die Einen immer wieder und wieder den Ruf vernehmen lassen: Fort mit den Fiktionen und Quasi-Kontrakten, halten die Andern an diesen Ausdrücken wie am hergebrachten Rechte fest. Charakteristisch hierfür ist ein beliebtes Thema für die wissenschaftliche Arbeit preußischer Juristen zur großen Staatsprüfung: Ob es nach preußischem Allgemeinen Landrecht Quasi-Kontrakte giebt? Während doch unzweifelhaft der Ausdruck des Quasi-Kontrakts in diesem Landrechte nirgends zu finden ist.

Solche Erscheinungen müssen den gegründeten Argwohn erwecken, daß die historische Schule in der Reaktion zu weit gegangen ist und dadurch bei dieser derselbe Fehler wie bei jener sich geltend macht, daß nämlich zwischen dem wissenschaftlichen Denken und dem thatsächlichen Inhalte des Rechts nicht genügend unterschieden wird; nur mit der Abweichung, daß jene die ganze Wissenschaft in das Gebiet des Denkens, diese aber in das Gebiet der historischen Gewordenheit des Rechts hineinzuziehen suchte.

Weit entfernt bin ich jedoch zu glauben, daß jene mangelhafte Unterscheidung zwischen dem wissenschaftlichen Denken und den positiven Rechtssätzen keine anderen Nachtheile mit sich bringt, als einige unfruchtbare Streitigkeiten über Fiktionen und Quasi-Kontrakte wach zu halten. Es will mir vielmehr scheinen, als wenn durch den beregten Mangel unsere Wissenschaft nothgedrungen in eine gewisse Stagnation gerathen müsse. Hierbei schweben mir zunächst die Begriffsdefinitionen vor. Um mit Beispielen zu reden, meine ich, daß es Niemanden befriedigen kann, das Eigenthum als die ausschließliche Herrschaft über eine Sache, das Pfandrecht als das dingliche Recht auf eine fremde Sache 2c. definirt zu hören, da es doch Eigenthümer giebt, denen die totale Herrschaft über die Sache fehlt, ferner ein Pfandrecht an Forderungen und an der eigenen Sache existirt, anscheinend also jene Definitionen höchstens den historischen Werth für sich in Anspruch nehmen könnten, für die Rechtsinstitute des Eigenthums und Pfandrechts in vergangenen Zeiten richtig gewesen zu sein. Trotz diesen augenscheinlichen Unzuträglichkeiten darf freilich nicht geleugnet werden, daß prinzipiell nichts im Wege steht, die für das einzelne positive Recht erforderlichen Begriffsbestimmungen bei der Darstellung dieses Rechts auf analytischem Wege zu finden. Diese Methode ist aber nicht, wie zur Zeit mit Vorliebe angenommen wird, die einzig zulässige, sondern, wie die Erfahrung lehrt, eine unzulängliche. Der Erfolg steht wenigstens dieser Methode nicht zur Seite und kann ihr, gegenüber der immer mehr verwickelten rechtlichen Erscheinung und den fortgeschrittenen wissenschaftlichen Anforderungen, nicht zur Seite stehen. Wir begnügen uns nicht mehr damit, wenn uns die juristische Person als eine ficta persona charakterisirt, statt einer Definition ein bloßes Spiegelbild vorgeführt wird. So kommt es darauf an, daß die synthetische Methode zu Hilfe genommen wird, für jedes größere Rechtsinstitut sind die nothwendigen, wesentlichen Begriffsmerkmale ohne Rücksicht auf die verwickelte Gestaltung im einzelnen positiven Rechte vorweg zu bestimmen und als das Allgemeine hinzustellen, welchem die Besonderheit des einzelnen positiven Rechts unterzuordnen ist. Dadurch werden die allgemeinen und absoluten Wahrheiten gewonnen, welche die historische Schule mit Unrecht unserer Wissenschaft abzusprechen gesucht hat. Freilich werden auf diese Weise Abstraktionen erforderlich, die keinen direkten Einfluß auf die praktische Rechtsanwendung haben, die nicht historisch, sondern nur durch die dialektische Kunst mit Begriffen auf wissenschaftlichem Wege zu verfahren gewonnen werden können und schon wegen ihrer prinzipiellen allgemein gültigen Natur mit Fug als philosophische zu bezeichnen sind. Mir ist wohl bewußt und ich habe es auch schon im Vorwort erwähnt, daß solche Abstraktionen, gerade weil sie philosophische genannt werden müssen, einen gewissen Mißcredit zu überwinden haben. Es ist aber unleugbar, daß je weniger der Philosophie als Fachwissenschaft gehuldigt wird, desto mehr sich die Fachwissenschaften der Philosophie bemächtigt haben. Auch die Jurisprudenz folgt diesem Drange, wie sich aus dem stets wachsendem Umfange des sogenannten allgemeinen Theils bei den systematischen Darstellungen des geltenden Rechts ergiebt. Auf diesem Gebiete aber scheint, wie ich nicht anstehen möchte zu behaupten, die sonst so klare Wissenschaft in eine gewisse Unklarheit verfallen zu sein, indem sie allgemein gültige, philosophische Wahrheiten wie historisches Recht behandelt und zu begründen sucht. Niemals übrigens, so lange es eine juristische Wissenschaft giebt, haben solche Abstraktionen gefehlt, und ich möchte, indem ich als Ausgangspunkt Betrachtungen über Entstehung der Obligationen wählen zu sollen glaube, den Nachweis versuchen, daß sie beispielsweise dem Quasi-Kontrakte und Quasi-Delikte der Römer zu Grunde liegen. Hieraus würde sich das wichtige Resultat ergeben, daß sogar die historische Forschung leiden muß, wenn wir jenen Abstraktionen nicht die nöthige Aufmerksamkeit zollen. Wie aber auch immer in meiner Arbeit die zur Bestätigung ihres Grundgedankens angeführten einzelnen Beispiele glücklich gewählt sein mögen oder nicht, so würde doch nur meine Feder die Schuld treffen, wenn mir der Nachweis nicht gelingt, daß es in unserer Wissenschaft viele philosophische Fragen giebt, welche in ihrer Eigenartigkeit nicht geachtet sind. Vor dieser Nichtachtung hat die Königin der Wissenschaften sich in einen nebelhaften Schleier gehüllt, welcher selbst das Augenlicht bedeutender Juristen trübte, so daß sie umnachtet von dem Nebel das, was zu allen Zeiten und bei allen Völkern gelten muß, für eine Willkür positiven Rechtes hielten, die ideale Seite der Jurisprudenz, die an Raum und Zeit nicht gebundene Herrschaft ihrer Prinzipien nicht würdigten und unzugänglich für die römischen Muster rechtsphilosophischer Betrachtungen geblieben sind.

Kapitel I.

Entstehung der Obligationen als Beispiel eines philosophischen Rechtsproblems.

§ 1.

Historische Uebersicht über die Auffassung der Begriffe Quasi-Kontrakt und Quasi-Delikt.

In den Quellen des römischen Rechts, wie es uns durch die Kompilation des Kaisers Justinian überliefert ist, werden die Entstehungsgründe der Obligationen verschiedentlich ausgedrückt.

Der 13. Titel des dritten Buchs der Institutionen enthält den Uebergang zu dem Obligationenrecht und ist in seiner ganzen Ausdehnung systematischen Rücksichten gewidmet. Nachdem die Obligationen begrifflich bestimmt, sodann nach dem Rechte, welchem sie ihren Ursprung verdanken, in prätorische und civile gegliedert sind, werden die rechtserzeugenden Thatsachen aufgezählt. Als solche sind hier an einer, nach der dem Titel zugeschriebenen Bestimmung besonders gewichtigen Stelle vier Arten erwähnt: Aut enim ex contractu sunt aut quasi ex contractu, aut ex maleficio aut quasi ex maleficio. Auf den Kontrakt und das Delikt wird eine große aber nach Inhalt und Umfang ganz bestimmt abgeschlossene Reihe der wichtigsten Obligationen zurückgeführt. In den Rahmen der nach dem Sprachgebrauch der Neueren sogenannten Quasi-Kontrakte und Quasi-Delikte ist jedoch auch nur eine gewisse, verhältnißmäßig knapp gemessene Anzahl aufgenommen worden. In einem eigenen Titel der Institutionen (de obligationibus quae quasi ex contractu nascuntur III, 27) werden, nachdem die obligationes ex contractu ihre Abhandlung gefunden, diejenigen quasi ex contractu aufgeführt. Fünf Rechtsverhältnisse sind hier verzeichnet worden: Die gegenseitigen rechtlichen Beziehungen, erstens zwischen dem Herrn und Führer des Geschäfts bei der Besorgung fremder Angelegenheiten ohne Auftrag; zweitens zwischen Vormund und Mündel und drittens bei dem auftragslosen Betrieb gemeinschaftlicher Angelegenheiten, die auf keiner Societät beruhen, zwischen den Mitinteressenten,[1]) ferner die Verbindlichkeit des Erben den Legataren gegenüber und schließlich diejenige aus dem Empfang einer Nichtschuld. — Alle diese Rechtsverhältnisse beruhen auf rechtsgeschäftlichen Handlungen.

Es hat etwas sehr Auffallendes, daß die Römer aus der Fülle der Rechtsgeschäfte, die nicht auf einem Kontrakte beruhen, einzelne herausgreifen, um sie mit diesem zu vergleichen. Der Kontrakt schließt eine Reihe von Verträgen, die meistens an eine bestimmte Form gebunden sind, in sich ein. Was aber der Quasi-Kontrakt bedeute, ist viel weniger einleuchtend. Die Römer selbst haben dem Anscheine nach keinen befriedigenden Aufschluß für ihren Vergleich

[1]) Bei dieser Klasse wird hier in § 4 b. c. noch ganz besonders der durch Erbschaft entstandenen Gemeinschaft gedacht. In den Pandekten ist ein diesem Titel der Institutionen völlig gleicher Gedankengang im § 5 de obl. et act. (44, 7) niedergelegt. Allein die ganze Klasse der Obligationen aus der Geschäftsführung bei der communio incidens ist neben den Obligationen aus der negotiorum gestio nicht weiter erwähnt.

gegeben. Sie sagen hauptsächlich und wiederholentlich bei den einzelnen Verbindlichkeiten:

> Obligationes quae quidem non proprie nasci ex contractu intelliguntur, sed tamen, quia non ex maleficio substantiam capiunt, quasi ex contractu nasci videntur (l. c. pr. §§ 1, 2, 3, 5).

In ganz entsprechender Weise werden 3 obligationes quasi ex delicto im 5. Titel des 4. Buchs der Institutionen aufgezählt und charakterisirt. Zuerst die Haftpflicht des Richters, welcher aus Versehen eine Partei benachtheiligt hat. Sodann die Haftpflicht des Inhabers einer Wohnung, wenn ohne sein Verschulden aus derselben etwas herausgegossen oder geworfen und dadurch Schaden verursacht ist. Schließlich die Haftpflicht der Schiffsrheder, Gastwirthe und Stallwirthe für jeden von ihren Leuten im Schiffe, Gasthause oder Stall verübten Diebstahl oder angerichteten Schaden.

Auf Grund der quellenmäßigen Eintheilung und Begründung wurden lange Zeit die aufgezählten Rechtsverhältnisse ohne jeden Anstoß Quasi-Kontrakte und Quasi-Delikte genannt. Die Frage, warum diese und nicht auch andere Obliegenheiten eine solche Ableitung gefunden, und ob der angegebene Grund stichhaltig sei, wird nicht aufgeworfen. — Die wissenschaftliche Behandlung des Rechts beschränkt sich darauf, den in der Ueberlieferung enthaltenen Stoff nach den von dieser selbst zerstreut dargebotenen Gründen in seinen inneren Konsequenzen zu erklären. Die Glosse hat deshalb an der Beweisführung nichts auszusetzen, als daß ein Glied in der Prämisse fehlt. Sie macht Ernst mit der Eintheilung der gesammten Obligationen in solche ex contractu vel quasi ex contractu und ex delicto vel quasi ex delicto. — Wenn die Römer bei den Quasi-Kontrakten sagen, die Geschäfte seien weder Kontrakte noch Delikte, so ergänzt die Glosse den Beweis und sagt, um genau nachzuweisen, daß die Geschäfte Quasi-Kontrakte seien, müsse man behaupten, daß sie weder Kontrakte, noch Delikte, noch auch Quasi-Delikte wären.

Im weiteren Laufe der Zeit konnte man sich jedoch der Betrachtung nicht verschließen, daß allein dadurch, weil die Quasi-Kontrakte außerhalb der Delikte und die Quasi-Delikte außerhalb der Kontrakte stehen, eine Verwandtschaft derselben mit den Kontrakten resp. Delikten noch nicht vermittelt sei. Eine Fiktion oder

Präsumtion sollte diesem Uebelstande abhelfen und bei allen diesen Fällen ein Kontrakt, der in Wahrheit nicht stattgefunden hat, als abgeschlossen gelten oder ein Delikt als verübt angenommen werden.

Diese Ansicht ward bald die herrschende. Die geschmeidige Art der Fiktion, welche an den Thatsachen keinen Anstoß nahm, verhalf namentlich den Quasi-Kontrakten zu einer immer umfangreicheren Herrschaft; für die Ableitung der Obligationen gab es keine systematische Schwierigkeit mehr, die Verpflichtung des Erben, die Schulden seines Erblassers zu bezahlen, mannigfache stillschweigende Verträge wurden als Quasi-Kontrakte gestempelt, die von den Quellen selbst inne gehaltenen Grenzen boten keinerlei Schranken.

Da zuerst war es, wie ich glaube, Titius am Ende des 17. Jahrhunderts, der in seiner Schrift de fictionum Romanorum natura et inconcinnitate entschieden gegen die Fiktionen auftrat und sie „zu Ehren der gesunden Vernunft" aus der Wissenschaft wegwünschte. Seine Gründe sind folgende: Die Fiktion sei vollständig überflüssig, sie sei eine nur geistige Vorstellung, die nur dann wirksam erscheine, wenn außer ihr eine Macht existire, die ihrer gar nicht bedürfe. Als Beispiel führt er an: Der Kaiser schreibe Steuern aus und fingire, die Unterthanen hätten mit ihm kontrahirt. Aber der Kaiser bedürfe keiner Fiktion, und die Unterthanen würden, um in gleiche Lage mit dem Kaiser zu kommen, ganz vergeblich fingiren. Ebenso sei es, so fährt er fort, bei den Quasi-Kontrakten, die aus ganz bestimmten Gründen als rechtserzeugende Thatsachen anerkannt wären. Es könne doch Niemand glauben, daß eine Fiktion ausreiche, um Verbindlichkeiten zu schaffen. Wozu wende man überhaupt diesen trügerischen Begriff an? Den in Wahrheit verpflichtenden Grund müsse ein Jeder verkennen, der auf eine fingirte Willensübereinstimmung eine Obliegenheit zurückführe. — Den Ausführungen des Titius sind viele Schriftsteller gefolgt, und bereits zur Zeit der Abfassung des Allgemeinen Landrechts für die preußischen Staaten hatte man sich durch Aufstellung anderer Entstehungsgründe der Fiktion zu entledigen gesucht.

Schon der gedruckte Entwurf zum Allgemeinen Gesetzbuch hatte sich losgesagt von dem Quasi-Kontrakte, sowohl als Bezeichnung, wie als systematischer Grundlage eines Rechtsverhältnisses.

Im § 88 der Einleitung heißt es: Alle Rechte der Bürger des Staats entspringen entweder unmittelbar aus den Gesetzen oder sind Folgen, welche die Gesetze mit gewissen Handlungen verbinden. —

Hier sind die damals gangbaren Theorien wiedergegeben. v. Tevenar z. B. sagt: Die Voraussetzung, daß alle Rechte und Verbindlichkeiten insgesammt aus Handlungen und Gesetzen entspringen, ist an sich einleuchtend und keines Beweises bedürftig.

Eine andere Theorie, welche sich damals Geltung verschaffte, hat sich noch lange nachher erhalten und namentlich bei **Weber** in dessen „natürlichen Verbindlichkeiten" Anerkennung und eingehende Erörterung gefunden. Sie beruht auf der Eintheilung in mittelbare und unmittelbare Verbindlichkeiten. Jene setzen ein Faktum des Verpflichteten als Bedingung voraus, diese entstehen, ohne daß derjenige, dem sie obliegen, sich erst durch eine besondere Handlung solche zugezogen hätte.

Diese Anschauungen, welche im Entwurfe ihren Ausdruck gefunden haben, mußten im Allgemeinen Landrechte eine Modifikation und Läuterung erfahren. Der berechtigte Einwurf wurde erhoben, daß aus den Gesetzen unmittelbar ein Rechtsverhältniß nicht entstehen könne. — Die Gesetze erscheinen als wirkende Macht nur durch die Folgen, welche sie mit den Thatsachen verbinden. Man verwarf den ungenauen Ausdruck der „unmittelbaren Entstehung" und fand die vermittelnden Thatsachen außerhalb der Handlung.

Die §§ 82 und 83 der Einleitung des Allgemeinen Landrechts lauten:

> Die Rechte des Menschen entstehen durch seine Geburt durch seinen Stand und durch Handlungen oder Begebenheiten, mit welchen die Gesetze eine bestimmte Wirkung verbunden haben.
>
> Rechte und Pflichten, welche aus Handlungen oder Begebenheiten entspringen, werden allein durch die Gesetze bestimmt.

Nach diesen Vorgängen hat Weber in der citirten Schrift über „natürliche Verbindlichkeiten" die eingehendste Untersuchung über das Wesen der Quasi-Kontrakte und Quasi-Delikte unternommen.

Er macht den Römern den Vorwurf, sie hätten ihre Obligationen auf ganz ungenügender Grundlage aufgebaut. An die Obligationen ex contractu und ex delicto reihten sie eine ganz bestimmte Anzahl quasi ex contractu und quasi ex delicto. Solches System sei aus doppeltem Grunde mangelhaft. Es sei erstens nicht erschöpfend; denn wo blieben die Verbindlichkeiten ex statu personarum, ad exhibendum, ex pollicitatione, ex pauperie, ex alienatione iudicii immutandi causa facta, ex mala fide ejus, qui dolo desiit possidere, ex capite restitutionis in integrum und dergleichen mehr?

Zweitens sei aber auch das quasi viel zu unbestimmt, der ganze Umweg, da, wo kein Vertrag vorliege, das Rechtsgeschäft mit einem „quasi ex contractu“ zu stempeln, diene zu nichts, als die Sache zu verwirren. Es sei unstreitig weit schicklicher, den wahren Entstehungsgrund anzugeben.

Die Quellen sind es aber nicht zumeist, gegen die Weber seinen Angriff richtet. Ungleich tadelnswerther findet er den Irrwahn der Ausleger, welche den Quasi-Kontrakt und das Quasi-Delikt als juristisches Fundament benutzt haben. Schon die Terminologie nennt er störend und begriffsverwirrend; die Römer sprächen immer nur von obligationes quasi ex contractu und quasi ex delicto, nicht aber von Quasi-Kontrakten und Quasi-Delikten. Vor Allem ist ihm aber die Fiktion, welche zur Konstruktion jenes Fundaments verwendet worden ist, eine ungesetzliche, unlogische und von falschen Konsequenzen, die sich auch praktisch äußerten, begleitete Erfindung.

Es ist eine unbestreitbare Thatsache, daß die römischen Juristen ihrer in keinem Falle bei einer obligatio quasi ex contractu oder quasi ex delicto erwähnen. Wie viel Werth Weber auf diesen Mangel einer gesetzlichen Unterstützung für sich allein legen würde, bleibt dahin gestellt. Innere Gründe scheinen ihn hauptsächlich zu bewegen. Er wirft den Quasi-Kontrakten gegenüber die Frage auf: Wo die Möglichkeit beiderseitiger Einwilligung liege, wenn wir uns auf der einen Seite ein unmündiges Kind, einen Rasenden oder Wahnwitzigen denken? „Oder“, fährt er fort, „fingiren etwa die Gesetze, daß das Kind schon mündig, der Wahnwitzige ad hunc actum gescheidt geworden sei?“ Ueberdem gäbe es hier verschiedene Fälle, in welchen die Verbindlichkeit sogar diejenigen treffe, welche nicht allein nicht konsentirt, sondern in der That ausdrücklich dissentirt hätten. l. 2 D. de tingn. iunct. l. 14 § 13 D. de religios.

Die Absicht, welche Weber mit seiner Schrift verfolgt, ist darauf gerichtet, daß die Quasi-Kontrakte und Quasi-Delikte ihrem Begriff und Namen nach aus der Wissenschaft schwinden und als allein richtige Klassifikation der Obligationen deren mittelbare und unmittelbare Entstehung berücksichtigt werde. Trotz der modernen römischer Systematik nicht günstigen Beurtheilung wird jedoch noch heute in Theorie und Praxis nicht nur des gemeinen Rechts von Quasi-Kontrakten oder wenigstens von kontraktähnlichen Verhältnissen oft gesprochen. Bei den Gegnern des Quasi-Kontrakts hat es aber am meisten Aufsehen erregt, daß selbst Savigny, ohne die Ausführungen von Weber zu beachten, von einem Quasi-Kontrakte und sogar von einem fingirten Vertrage redet.[1]) Gestützt auf Weber hat sich in der neuesten Zeit gegen den alt hergebrachten Ausdruck des kontraktähnlichen Verhältnisses und des Quasi-Kontrakts bei Erxleben, Jacobi und Förster eine entschiedene Opposition gebildet, sie gipfelt darin, daß hier ein Ausdruck ohne Begriff vorliege, der Quasi-Kontrakt nichts erkläre, keinen wissenschaftlichen Grund abgebe, Fiktionen und Präsumtionen keine rechtserzeugenden Thatsachen seien.[2])

§ 2.

Kritik des heutigen Standpunkts bezüglich der Entstehung der Obligationen.

Aus dem vorausgeschickten historischen Abriß läßt sich zunächst ersehen, daß die Neueren, soweit sie noch bei der Darstellung des Obligationenrechts der römischen Eintheilung folgen, dies nicht in der Ueberzeugung von der Vortrefflichkeit jener Systematik thun, sondern derselben nur entweder in Ermangelung einer besseren Methode oder auch aus bloßer historischer Reminiscenz huldigen. Man sieht aber auch ferner, mit welcher Anstrengung unausgesetzt das Ziel verfolgt wird, sich von der römischen Klassifikation loszumachen und an deren Stelle eine logisch begründete und allgemein

---

[1]) Savigny, System Bd. VI S. 31 nennt die litis contestatio „einen Quasi-Kontrakt, einen fingirten Vertrag, so gut als die negotiorum gestio und die Tutel“. Gegen Savigny tritt namentlich Erxleben, condictiones sine causa S. 21 auf und auch Förster, Theorie und Praxis § 150 N. 17.

[2]) Erxleben, Die condictiones sine causa, 1. Abth. 1850 S. 21 ff. Jacobi, Der Rechtsbegriff der Bereicherung, in Gerber und Ihering, Jahrbücher der Dogmatik des heut. röm.-deutsch. Priv.R. Bd. IV S. 296 ff. und namentlich Förster, Theorie und Praxis des heut. gem. pr. Pr.R., vorzüglich § 147 N. 1, § 149 N. 11, § 150 N. 17.

gültige Ableitung der Obligationen zu finden. Die mittelbaren und unmittelbaren Verbindlichkeiten Webers entsprechen diesem Vorhaben nicht genügend und haben deshalb auch keinen großen Anklang finden können. Die mittelbaren Verbindlichkeiten, welche denen, die unmittelbar aus dem Gesetze entspringen, gegenüber stehen, theilt Weber ein: A in Verträge, B einseitige Handlungen, welche letzteren dann wieder in erlaubte und unerlaubte zerfallen. Unmittelbar aus dem Gesetze entsteht aber überhaupt kein Rechtsverhältniß, die Gesetze können vielmehr nur an den Thatsachen anknüpfen. Die Mittelbarkeit aber ferner ist wiederum nur ein relativer Begriff, über dessen Inhalt man durchaus nicht einig ist, so wollen Manche unter mittelbaren Verbindlichkeiten nur solche verstanden wissen, die eine Mitwirkung dessen, der verpflichtet werden soll, voraussetzen. (cf. Heimbach in Weiske, Rechtslexikon Bd. VII S. 443 ff.; Unterholzner, Lehre von den Schuldverhältnissen S. 19). Puchta, der gerade in der Systematik so hervorragende gemeinrechtliche Schriftsteller, hat die Obligationen auf Rechtsgeschäfte, unerlaubte Handlungen und Zustände zurückgeführt. Diese logisch durchaus gerechtfertigte Eintheilung hat wenigstens den einen Mangel, daß sie für die Quasi-Delikte keinen Raum bietet, indem der also Verpflichtete doch selbst eine unerlaubte Handlung nicht begangen hat, geschweige denn aus einem Rechtsgeschäfte oder Zustande direkt in Anspruch genommen werden kann. Viel prägnanter bezeichnet das preußische allgemeine Landrecht „Handlungen und Begebenheiten" als Entstehungsgründe der Obligationen. Förster in seiner Theorie und Praxis des heutigen preußischen Privatrechts huldigt dieser Ableitung als der allein richtigen Systematik und nennt die römische Eintheilung mit Weber eine Absurdität.

Ich sehe aber nicht ab, wie nicht allein irgend welches andere Recht als das der Obligationen, sondern überhaupt irgend etwas in dem weitesten Umkreise der Erscheinungen und Gedankenwelt anders entstehen soll, als durch Handlungen und Begebenheiten. Sie sind der Ursprung jeglichen Faktums, jeder Gewordenheit. Sie sind die Thatsachen selbst, zwar nicht von Seiten ihres Erfolges, aber betrachtet, wie sie werden unter dem Einflusse des menschlichen Willens oder außerhalb desselben. — Schließlich wäre noch zu bemerken, daß Dernburg, welcher die römische Klassifikation schon für das damalige, geschweige denn für das heutige Recht unpassend findet, sich anscheinend bemüht hat, den rechtlichen Unterschied zwischen der Entstehung der Obligationen aus Handlungen oder Begebenheiten noch direkter zum Ausdruck zu bringen, indem er sagt: Wir unterscheiden die **Uebernahme** der Obligation durch eine Willenshandlung und die unfreiwillige Entstehung. Es leuchtet ein, daß hier als Quellen der Obligationen, in gleicher Weise wie bei Förster, Handlungen und Begebenheiten bezeichnet sind. Die abweichende Ausdrucksweise kann aber kaum als Verbesserung erachtet werden, da bei vielen Rechtsgeschäften der Wille nicht gerade auf Uebernahme der entstehenden Obligationen gerichtet zu sein braucht, für die Rechtsverbindlichkeit dieser Obligationen also die beabsichtigte Uebernahme irrelevant ist, so daß sie nach der Dernburg'schen Klassifikation den Obligationen aus unfreiwilliger Entstehung zugezählt werden müßten, während sie systematisch doch viel mehr zu den übrigen Obligationen aus Rechtsgeschäften als zu denjenigen aus Zuständen oder Delikten gehören. Wenn Dernburg sich nicht daran genügen lassen wollte, die Obligationen einfach auf Willenshandlung und Begebenheit zurückzuführen, so hätte er es der Vollständigkeit halber wohl nicht vermeiden dürfen, zwischen die Obligationen, welche durch eine Willenshandlung übernommen, und diejenigen, welche unfreiwillig entstanden sind, noch die beiden Klassen der aus einer erlaubten und der aus einer unerlaubten Willenshandlung unfreiwillig entstandenen Obligationen einzuschieben.

§ 3.

Kritik des römischen Standpunkts.

Speciell die Abstraktionen, von denen im vorigen Paragraphen die Rede war, sind, wie nicht geleugnet werden kann, dem römischen Geiste fremd geblieben. Es muß ferner zugegeben werden, daß den Römern ganz offenbar der Rechtsstoff selbst viel mehr als die Ordnung in der Darstellung am Herzen lag. Wenn sie in den Pandekten l. 1 pr. de oblig. et act. (44, 7) sich dahin ausdrücken: Obligationes aut ex contractu nascuntur aut ex maleficio aut proprio quodam jure ex variis causarum figuris, so bezweckt solche Klassifikation doch nur, den materiellen Rechtsstoff mühelos zu bewältigen und neben Hervorhebung der positiv wichtigsten Entstehungsgründe unter irgend welchen allgemeinen

Begriffen darzustellen. Eine derartige Eintheilung ist weder logisch unrichtig, noch verdient sie besondere Anerkennung. Ein Gleiches läßt sich über die Ableitung l. 52 pr. l. c. sagen: Obligamur aut re, aut verbis, aut simul utroque, aut consensu, aut lege, aut iure honorario, aut necessitate, aut ex peccato. Hier hat Modestin Alles aufgeführt, was ihm an rechtserzeugenden Thatsachen und rechtsgeschichtlich irgendwie für das positive Recht der Erwähnung werth schien. Es mag hierbei bemerkt werden, daß die von Modestin aufgestellte Eintheilung öfters deshalb eine besonders unglimpfliche Kritik erfahren hat, weil er die necessitas als besondern Rechtsgrund benennt, die Nothwendigkeit aber allen Obligationen gemeinsam zu Grunde liegt. Necessitas darf aber hier nicht gemäß der Uebersetzung des corpus juris von Sintemis mit „Nothwendigkeit" übertragen werden, sondern bedeutet das durch die Bande des Bluts, der Adoption, der Klientel geknüpfte Verhältniß, mit einem Worte das Statusverhältniß als rechtserzeugende Thatsache.

An einer dritten Stelle, § 1 J. de act. 4, 6. wird nur von zwei Entstehungsarten geredet. Hier heißt es: Namque agit unusquisque aut cum eo, qui ei obligatus est vel ex contractu, vel ex maleficio.

Diese Stelle zwingt uns sofort zu einer ganz neuen Interpretation. Zunächst ist die Meinung zurückzuweisen, daß sich die Römer hier einer offenbaren Mangelhaftigkeit schuldig gemacht hätten, und zwar ist diese Erklärung eine schon deshalb ganz unmöglich zutreffende, weil der Mangel ein viel zu offenbarer wäre, um nicht Jedermann aufzufallen. Ungeachtet der geringen Anforderungen, welche die Römer an die systematische Anordnung des Rechtsstoffs stellen, bemeistern sie doch die gesammte Materie ihrer Wissenschaft mit vollendeter Kunstfertigkeit und wissen die Konsequenz jeder Rechtsregel für die entlegensten Gebiete zu ziehen. Die Annahme, die Römer hätten hier plötzlich vergessen, daß es Alimentations-, Testaments- und viele andere Obligationen giebt, die weder mit einem Vertrage, noch mit einem Delikte etwas zu thun haben, ist deshalb eine bedeutungslose Naivität. Savigny (Oblig. Bd. 2 S. 3) ist der Ansicht, daß jene Ausdrücke contractus und maleficium oder delictum nur in der geschichtlichen Beschränkung gebraucht, nur auf die klagbaren Verträge und Verletzungen angewendet werden, ja sogar nur auf die, welche schon im alten

Civilrecht als klagbar anerkannt waren. Hiernach würde die obige Eintheilung nichts als eine historische Reminiscenz bedeuten. Diese Meinung hat anscheinend viel für sich und wird auch durch manche nur der historischen Besprechung dienende Quellenstellen unterstützt. Wer die Stelle in ihrem Wortlaute: unus quisque agit cum eo ff. unbefangen liest, wird jedoch der Meinung, daß hier nur von den Obligationen des alten Civilrechts gesprochen werden soll, nicht beipflichten können, auch sagt Gajus III. § 88: „Omnis enim obligatio vel ex contractu nascitur, vel ex delicto". Zu diesem omnis hätte aber Gajus keine Veranlassung gehabt, wenn er nur die Obligation des alten Civilrechts im citirten Paragraphen verstanden wissen wollte.

Es bleibt mithin nur die Auffassung übrig, daß die Römer den Deliktobligationen alle übrigen, aus denen eine Klage entspringt, als obligationes ex contractu entgegensetzen wollten. Eine solche Gegenüberstellung hat, und hierauf ist bei der Interpretation der Quellen das Hauptgewicht zu legen, bezüglich vieler Rechtsregeln, als derjenigen der Verjährung, Vererbung und Uebertragbarkeit eine eminent praktische Bedeutung. Diese praktische Bedeutung der Gegenüberstellung ist aber in gleichem Maße bei Obligationen aus Verträgen wie bei den sonstigen auf erlaubte Weise entstehenden Verbindlichkeiten vorhanden. Will man also nicht den Römern eine unbegreifliche Einsichts- und Umsichtslosigkeit vorwerfen und sie verdächtigen, daß sie einerseits die praktische Bedeutung ihrer Gegenüberstellung von Delikten und Kontrakten selbst nicht erkannt, während sie andererseits eine große Reihe von Obligationen ganz außer Acht gelassen hätten, so ergiebt sich als nothwendige Interpretation, daß contractus in obiger Stelle nicht restriktiv, sondern extensiv aufzufassen ist. Man vergegenwärtige sich hierbei, daß contractus seinem Wortlaute nach ursprünglich nichts weiter als Zusammenzug zu bedeuten hat und deshalb unter diesem Begriff für das lateinische Ohr jede erlaubte Thatsache, mit welcher die Gesetze eine Obligation verknüpfen, subsumirt werden kann. Um die Zulässigkeit dieser Interpretation noch mehr zu rechtfertigen, möchte ich den strikten Nachweis führen, daß es dem römischen Sprachgefühl keineswegs widerstrebte, unter contractus eine erlaubte Thatsache außerhalb des Vertrages als Entstehungsgrund einer Obligation zu verstehen. Ich berufe mich hierzu auf pr. l. 9 de duob. reis const. (Dig. 45, 2) Eandem rem apud duos pariter deposui, utriusque fidem in solidum secutus, vel eandem rem duobus similiter commodavi, fiunt duo rei promittendi, quia non tantum verbis stipulationis, sed et ceteris contractibus, veluti emtione, venditione, locatione, conductione, deposito, commodato, testamento. Papinian nennt also das Testament einen Kontrakt gleich dem Kaufe und zwar nicht etwa das Testament per aes et libram, sondern dasjenige mit Erbeinsetzung. Paulus erklärt sogar an einer Stelle ausdrücklich, daß contractus im weitesten Sinne nichts anderes bedeutet, als die rechtserzeugende Thatsache, aus welcher die Obligation entsteht. Er sagt l. 20 (Dig. de jud. 5, 1): Omnem obligationem pro contractu habendam existimandum est, ut, ubicunque aliquis obligatur, et contrahi videatur, quamvris non ex crediti causa debeatur.

Hiernach haben die Römer bei ihrer Eintheilung der gesammten Obligationen in Kontrakte und Delikte einen logischen Fehler mit Richten begangen.

Ich wende mich nun zu der im § 1 erwähnten, ungleich wichtigsten römischen Klassifikation.

§ 3a.

Fortsetzung der Kritik des römischen Standpunkts. Erklärung der Quasi-Kontrakte und Quasi-Delikte.

Sequens divisio (obligationum) in quatuor species deducitur aut enim ex contractu sunt, aut quasi ex contractu, aut ex maleficio, aut quasi ex maleficio. Diese Eintheilung ist keine erschöpfende, sondern offenbar eine für eine spezielle systematische Besprechung bestimmte. Es ergiebt sich dies aus der einfachen Betrachtung, daß neben dem contractus im weiteren Sinne die Quasi-Kontrakte überhaupt keinen Platz mehr hätten. Indem wir also genöthigt sind, den contractus hier im engern Sinn als Vertrag aufzufassen, andererseits aber die obligatio ex contractu auf ganz bestimmte rechtserzeugende Thatsachen beschränkt wird, so müssen die Römer mit dieser Klassifikation einen anderen Zweck als den einer erschöpfenden Ableitung aller Obligationen verfolgt haben. Ich bin also von vornherein im Gegensatz zu den bisherigen Interpreten der Ansicht, daß diese Eintheilung nicht etwa die vollständigste ist, sie erscheint mir vielmehr als diejenige, welche sich von den andern quellenmäßigen Eintheilungen dadurch unterscheidet, daß sie weder vollständig ist, noch auch einen Anspruch auf Vollständigkeit macht.

Ich spreche zunächst von den Quasi-Kontrakten. Ueber den bloßen Ausdruck sei kurz Folgendes erwähnt. Die Quellen sagen obligatio ex contractu, die Neuern sprechen von einem Quasi-Kontrakt. Jeder Einwurf gegen die Metamorphose des Namens scheint mir aber nichts weiter als ein grammatischer Exkurs zu sein. Eine irrthümliche Subtilität liegt wohl in der besonders von Unterholzner — in der Lehre von den Schuldverhältnissen — ausgesprochenen Meinung, der echt römische Sprachgebrauch vergleiche nicht so fest die Thatsache, aus welcher die obligatio quasi ex contractu hervorgeht, mit einem contractus, als vielmehr die obligatio selbst mit einer obligatio ex contractu. Die Obligationen sind geistige Bande, ihre thatsächliche Natur liegt in ihrem Entstehungsgrunde, deshalb kann das Recht nur mit diesem zu schaffen haben und nur von diesem aus den logischen Schluß für den Inhalt jeder Obligation gewinnen. Förster in seiner Theorie und Praxis § 57 kleidet diesen Gedanken in die zwar nicht ganz zutreffenden aber drastischen Worte: „Denn der Entstehungsgrund ist die Obligation selbst." — Schon die Paraphrase des Theophilus redet von einem *Κουάσι Κοντρακτόν*.

Der dem Quasi-Kontrakt der Römer zu Theil gewordenen Interpretationen habe ich schon im § 1 Erwähnung gethan. Wenn wir diesen Interpretationen nun auch nicht überall nachspüren können, wie sie sich in den schwankenden Wogen der mehr als hundertfachen literarischen Ergüsse wiederspiegeln, so will ich doch die hauptsächlichsten Schriftsteller wenigstens kurz zu kritisiren versuchen.

Savigny scheint im Vorübergehen der Ansicht zu sein, daß die Eintheilung der Römer mit der historischen Entstehung der Obligationen zusammenhinge. An die obligationes ex contractu und ex delicto hätten sich der Zeit nach zuerst die obligationes quasi ex contractu und quasi ex delicto angeschlossen; die obligationes quasi ex contractu drückten einen Gegensatz gegen die schon nach altem Civilrecht klagbaren Verträge aus (Savigny Obl. R. Bd. II S. 2). Diese Auffassung theilt zunächst den wesentlichen Mangel der gesammten übrigen bisher bekannt gewordenen Interpretationen, daß sie nämlich auf Gründen beruht, von denen in den Quellen selbst keine Spur zu finden ist. Gegen dieselbe läßt sich als besonderer Einwand noch geltend machen, daß doch zum Mindesten die actio tutelae eine alte Civilrechtsklage sein muß.

Puchta sagt: „Quasi-Kontrakte sind Obligationen, die durch ein Rechtsgeschäft entstehen, einen absichtlichen Akt, nur daß die Absicht nicht auf die Obligation gerichtet zu sein braucht.“ Das Anziehende dieser systematischen Idee behält seinen Werth. Es ist auch ferner richtig, daß jene grundsätzlich von den Römern obligationes quasi ex contractu genannten Rechtsgeschäfte, die auftragslose Geschäftsführung, die Tutel, der Erbschaftsantritt, die Zahlung einer Nichtschuld, insgesammt durch jenes Merkmal mit einander verbunden werden. Der Geschäftsführer, der Vormund, der sich in den Nachlaß setzende Erbe und der Empfänger einer ihm nicht geschuldeten Summe werden gewöhnlich am Wenigsten bei der einschlagenden Thätigkeit mit der Absicht, sich selbst zu verpflichten, handeln. Unerklärt aber bleibt für den von Puchta aufgestellten Begriff der Name des Quasi-Kontrakts. Jene Geschäfte haben mit den Verträgen nichts gemein, als daß auch diese letzteren Rechtsgeschäfte sind, und diese Gemeinschaft theilen sie mit allen anderen Rechtsgeschäften. Die Einschränkung, die Puchta seiner Definition geben mußte: „nur daß die Absicht nicht auf die obligatio gerichtet zu sein braucht“, entfernt jene Geschäfte von den Verträgen und nähert sie nicht, denn gerade beim obligatorischen Vertrage ist auch die Absicht auf Schaffung der Verbindlichkeit aus dem Vertrage gerichtet.

Viele Schriftsteller sind Anhänger des Quasi-Kontraktes, weil — jene Rechtsgeschäfte doch den Verträgen ganz offenbar ähnlicher sind als den Delikten. Worin aber liegt der Zweck dieser trivialen Behauptung? Manche wollen die Obligationen losgelöst von ihrem Entstehungsgrunde betrachtet wissen und in dem Dunkel, das auf dieser Scheidung liegt, eine ganz besondere Aehnlichkeit entdecken. Ebenso bedenklich sind aber die Ausführungen derjenigen, welche in dem Quasi-Kontrakt nichts weiter sehen als die Frucht von volksthümlich römischen Anschauungen und Vorurtheilen. Unter den vielfachen sich widersprechenden Erklärungen für den römischen Sprachgebrauch führt Weber auch an: „Der übertriebene Freiheitssinn hätte die Römer dahin geführt, daß sie Niemanden verpflichtet sein lassen wollten, ohne daß er selbst die Verbindlichkeit eingegangen wäre."[1]) Aehnlich sagt Jacobi: „Nach dem römischen Geiste diktire der Gläubiger dem Schuldner die Verbindlichkeit, ohne eine solche Mitwirkung des Gläubigers, ohne Kontrakt seien nach dieser Vorstellung keine Obligationen möglich."[2]) Das Unzulängliche dieser Theorien springt in die Augen. Die Römer wären also ihrem verletzten Freiheitssinn, ihrem durchbrochenen Rechtsprinzipe mit einem Ausdrucke, mit der obligatio quasi ex contractu zu Hülfe geeilt? Es verschlägt hierbei auch nichts, daß viele andere Verbindlichkeiten, die in gleicher Weise jener nationalen Anschauung widersprechen müßten, nirgends als Quasi-Kontrakte gestempelt werden? Schließlich ist man auf die Lösung verfallen, die Römer hätten sich bei ihrer Eintheilung wahrscheinlich überhaupt nichts Klares gedacht. Man stützt sich darauf, „wie es bekannt sei, daß sie in der Systematik sich eben nicht besonders ausgezeichnet hätten." Als besondern Belag, „wie wenig auf jene Bezeichnung zu geben", wird die sonderbare Art der Begründung hervorgehoben: „quia non ex contractu nasci videntur, quia non ex maleficio substantiam capiunt, quasi ex contractu nasci videntur". pr. J. III, 27.

Welcher aber von aller Systematik noch so verlassene Römer hätte sich mit solchem Grunde, wie er sich hier äußerlich darbietet, begnügen wollen? Eine solche Beweisführung wäre kein Zeichen von einem unsystematischen, sondern von einem völlig unlogischen Geiste. Man könnte mit gleichem Rechte behaupten, jene Geschäfte seien Quasi-Delikte. So äußerlich die Sache betrachtet, bleibt die Eingangs erwähnte Emendation der Glosse zutreffend. —

Die obligationes quasi ex contractu beruhen auf rechtsgeschäftlichen Handlungen, bei denen es anscheinend sich von selbst versteht, daß sie weder Kontrakte noch auch Delikte sind. Welchen Grund kann ein Jurist haben, dies besonders hervorzuheben? Keinen anderen Grund, als daß für den systematischen Geist es eben durchaus nicht selbstverständlich ist, daß diese Geschäfte weder

[1]) Weber § 8 S. 13. Glück, Kommentar Bd. IV S. 243. „Nun hatte der römische Bürger einen überspannt hohen Begriff von seiner Freiheit. Unerträglich schien ihm der Gedanke, daß ein Bürger über den andern sich Rechte und Forderungen anmaßen könnte, ohne daß der Letztere sich freiwillig dazu anheischig gemacht oder ein Strafgesetz übertreten hätte."

[2]) Jacobi, Rechtsbegriff der Bereicherungen, Gerber und Jhering Bd. IV S. 282.

Kontrakte noch auch Delikte sind. Die Römer setzen nämlich aus einander, daß bei der Geschäftsführung ohne Auftrag und einigen Nebenarten dieses Rechtsgeschäfts, ferner bei der Tutel und bei dem Antritt einer mit Legaten beschwerten Erbschaft der Thatbestand des Deliktes vorliege, bei der Zahlung einer Nichtschuld derjenige eines Kontrakts vorzuliegen scheine. Weil sie aber in Abrede stellen, daß dieser begrifflich aufgefaßte Thatbestand der Rechtsidee entspreche, daß der Schein auf Wahrheit beruhe, deshalb sagen sie bei den ersten drei Geschäften, sie seien keine Delikte, und bei dem letzten, es sei kein Kontrakt. Der Gedankengang der Römer ist an zwei Orten, Inst. III, 27 und Dig. 44, 7, § 5, in ziemlich gleichlautender Weise entwickelt. Ich will versuchen, ihn darzustellen.

Zuerst wird die auftragslose Geschäftsführung und zwar am eingehendsten behandelt, sie ist dazu bestimmt, den systematischen Plan, welcher der Betrachtung zu Grunde liegt, zu kennzeichnen. Mit behaglicher Breite wird erwogen, daß kein vernünftiger Mensch daran denken könne, die negotiorum gestio sei ein Vertrag, ist sie nun zwar auch kein Delikt, so liegt doch thatsächlich ein Eingriff in eine fremde Rechtssphäre vor. Recht drastisch wird am Ende des Prinzipium l. 5, 44, 7 das Wort „invadere" für die Thätigkeit des Geschäftsführers gebraucht. Im Titel de diversis regulis juris l. 36 steht es ausdrücklich: Culpa est, immiscere se rei ad se non pertinenti. Deshalb wird es hier besonders hervorgehoben, wie aus der Rechtsidee heraus, welche auch die Billigkeit in sich schließt und höhere Zwecke zu verfolgen hat, als die allgemeine Freiheit Aller und die abgesonderten Rechtssphären der Individuen zu wahren, wie aus dieser Idee der Thatbestand eines Deliktes sich zu einem rechtlich anerkannten Rechtsgeschäfte verwandelt.

Nach diesen Erwägungen fassen sich die Römer kürzer. Der Betrieb gemeinschaftlicher Angelegenheiten, die auf keiner Societät beruhen, ist nur eine Nebenart der auftragslosen Geschäftsführung und bedarf keiner besonderen Begründung § 3 Inst. III, 27. Er ist in den Digesten nicht speziell erwähnt. —

Die hauptsächlichste unter den vertragslosen Gemeinschaften ist die durch Erbgang vermittelte. Ihrer wird deshalb in § 4 der Inst. III, 27 noch besonders gedacht. —

Wie nun die Rechtsidee mir mitunter einen Eingriff in eine fremde Rechtssphäre gesetzlich erlauben kann, so kann sie sogar dahin kommen, mir den Eingriff zu gebieten. Ich glaube jedoch nicht, daß die Römer auch nur entfernt daran dachten, daß der dem Vormunde gesetzlich gebotene Eingriff in die Vermögenssphäre seines Mündels, selbst wenn er entgegen dessen umaßgeblichen Willenserklärungen handelte, jemals als der Thatbestand eines Deliktes sich darstellen könnte. Mir scheint vielmehr, daß sie davon ausgehen, daß der Vormund für die Berechtigung seiner Handlungen sich auf das gesetzliche Mandat nur insoweit berufen dürfe, als er einwandsfrei handelt, falls er aber nach beendeter Vormundschaft mit Fug in Anspruch genommen werden kann, er außerhalb des gesetzlichen Mandats, anscheinend also rechtswidrig gehandelt haben muß. — Die Römer sagen: „Tutelae quoque judicio qui tenentur, non proprie ex contractu obligati intelliguntur, sed quia sane ex maleficio non tenentur, quasi ex contractu teneri videntur."

Es kann bei der knapp gefaßten Stelle, welche sonst in den Quellen anscheinend keine nähere Erläuterung findet, zweifelhaft sein, ob die Römer in der That gerade den von mir entwickelten Gesichtspunkt im Auge gehabt haben, immerhin geht aber aus der Stelle deutlich hervor, daß sie der Deliktsnatur der actio tutelae gleich der actio negotiorum gestorum ausdrücklich zu widersprechen für geboten erachten und es betonen, daß für diesen Widerspruch lediglich innere Gründe maßgebend sein sollen. —

Diese Ausführungen scheinen daran scheitern zu müssen, daß die Römer auch von dem Erben sagen: „er sei dem Legatar nicht aus einem Delikt verpflichtet, sondern gleichsam aus einem Kontrakte". (§ 5 J. III 27 l. 5, § 2 D. 44, 7.) „Heres quoque, qui legatum debet, neque ex contractu neque ex maleficio obligatus esse intelligitur."

Aber gerade dieser Fall ist ein Beweis, wie der römische Jurist mit unvergleichlicher Konsequenz bei seinen systematischen Gedanken die harmonirenden Erscheinungen auf den entlegensten Gebieten des Rechts aufzufinden weiß. Man vergegenwärtige sich die Klagen, mit welchen der Legatar seine Rechte geltend macht. Bei dem legatum per vindicationem und per praeceptionem ist es die Vindikation. Bei dem legatum per damnationem und sinendi modo die Kondiktion.[1]) Die Vindikation hat der Eigenthümer

[1]) Gaji Inst. §§ 191—219, Puchta, Inst. § 321. Daß aus dem legatum per damnationem und sinendi modo eine actio stricti juris zustehe, ist wohl

gegen den besitzenden Nichteigenthümer. Die Kondiktion findet statt, wenn aus dem Vermögen des Einen etwas in das des Andern übergeht. So ist es denn ein Ausfluß der Satzungen des römischen Rechts, daß der Erbe in demselben Augenblicke, in welchem er eine mit Legaten beschwerte Erbschaft antritt, dem objektiven Thatbestande nach einen Eingriff in eine fremde Rechtssphäre machen muß. Bei dem legatum per vindicationem setzt er sich in Besitz fremden Eigenthums ohne Einwilligung des Eigenthümers, bei dem legatum sinendi modo und per damnationem stehen dem Legatar dieselben Rechte zu, als wenn mit dem Antritt der Erbschaft aus seinem Vermögen etwas in dasjenige des Erben übergegangen wäre. Da aber kein dare seitens des Legatars stattgefunden hat, so hat der Erbe fremdes Eigenthum eigenmächtig zerstört.

Ich komme jetzt zu dem letzten Quasi-Kontrakte, zu der Zahlung und Annahme einer Nichtschuld. Bisher war der Vergleich darauf gerichtet, die rechtserzeugenden Handlungen als eben so rechtsgeschäftlich hinzustellen wie den Vertrag. Die Zahlung einer Nichtschuld ist doch aber kein Eingriff in eine fremde Vermögenssphäre, und die Abnahme der Zahlung beruht auf dem ausdrücklichen Willen des Zahlenden. Was sollen also diese Handlungen unter den Quasi-Kontrakten? Es fehlt nun freilich auch überall die Behauptung, die Zahlung oder Annahme einer Nichtschuld sei kein Delikt, wohl aber haben die Römer sowohl § 6 Inst. 3, 27 als auch § 3 l. 5 Dig. 44, 7. behauptet, die Handlungen seien kein Kontrakt. Wenn man Erscheinungen ähnlich nennt, so kann man eine große Anzahl von Eigenschaften, in welchen sich die Erscheinungen gleichen, im Auge haben. Etwas Negatives drückt man aber auch zugleich mit der Behauptung der Aehnlichkeit aus, daß sich nämlich die Erscheinungen nicht völlig gleichen, sonst würden sie nicht ähnlich, sondern gleich sein. Gerade dies soll hier hervorgehoben werden:

„qui enim solvit per errorem, magis distrahendae

überall anerkannt. Weder Gajus I. IV 62 noch § 28 I. de action. 4, 6 werden sie als bonae fidei act. aufgezählt, die Formel in Gajus I. § 204 beweist unwiderleglich für das legatum per damnationem die Kondiktion: legatarius in personam agere debet, id est intendere, heredem sibi dare oportere.“ Im § 9 pr. Dig. de R. C. 12, 1 ist von der certi condictio die Rede, im § 1 daselbst heißt es sodann: competit haec actio etiam ex legati causa.“ Puchta, Inst. § 321 Note und Savigny, System Bd. V Beilage XIV Nr. XI.

obligationis animo, quam contrahendae dare videtur. Non potest intelligi is, qui ex ea causa tenetur ex contractu obligatus esse.“

Donellus sucht in seinen Kommentarien (lib. XIII v. 16, 17) mit einem überall anerkannten Scharfsinn auszuführen, daß die condictio indebiti einem wahren Realkontrakte entspringe. Er will psychologisch eine stillschweigende Willensübereinstimmung nachweisen. Seine Worte erinnern an die modernen Ausführungen über die stillschweigende Voraussetzung des Willens. Wie folgt äußert er sich: „Zahle Jemand unter dem Vorbehalt der Rückzahlung für den Fall, daß eine Schuld nicht bestand, so liege die eventuelle vertragsmäßige Verpflichtung des Empfängers außer Zweifel. (1. 2 D. 12, 6 l. 10 C. 2, 3 l. 15 D. 19, 5.) Zahle aber auch Jemand ohne Vorbehalt, so erkläre er doch damit in Wahrheit, er übertrage den gezahlten Gegenstand unter der Voraussetzung, daß er ihn wirklich schulde.“ Alle diese Ausführungen behaupten doch aber einen psychologischen Vorgang, der wohl möglicher Weise statthaben kann, aber durchaus nicht nothwendig ist. Nach menschlicher Berechnung wird namentlich der Empfänger einer Zahlung selten die Absicht einer eventuellen Rückzahlung verspüren. Wird neuerdings argumentirt, die Zahlung sei nicht Selbstzweck, „Niemand zahle, um zu zahlen“, es müßten also stillschweigende Voraussetzungen statthaben, so erwidern die Römer sehr treffend: „Diese Voraussetzungen rufen durchschnittlich nur einen solchen Willen wach, der darauf gerichtet ist, eine Verbindlichkeit aus der Welt zu schaffen, nicht aber ins Leben zu rufen.“ Wer die condictio indebiti auf einen wirklichen Vertrag, gleich einem Darlehn, zurückführt, der müßte zugeben, daß ein Bevormundeter durch den Empfang einer Nichtschuld nicht verpflichtet werden könnte. Eine Konsequenz, welche in Gajus, Inst. III § 91 ausdrücklich verworfen ist. „Unde quidam putant, pupillum aut mulierem, cui sine tutoris autoritate non debitum per errorem datum est, non teneri condictione, non magis quam mutui datione; sed haec species obligationis non videtur ex contractu consistere, quia is qui solvendi animo dat, magis distrahere vult negotium quam contrahere.“ Das Senatusconsultum Macedonianum wird wohl Niemand auf die Zahlung einer Nichtschuld anwenden wollen.

Bedenkt man aber, wie sich die irrthümliche Anschauung, in der condictio indebiti einen vertragsmäßigen Anspruch zu sehen, von Donellus bis auf den heutigen Tag in den verschiedensten Ausdrucksweisen erhalten hat, so wird man erkennen, wie gut und nöthig es war, daß die Römer zur Sicherung vor einem Fehlschluß ausdrücklich hervorheben, daß die Zahlung und Annahme einer Nichtschuld einem Vertrage zwar sehr ähnlich sei, ihm aber nicht völlig gleiche.

Wir haben jetzt noch die wenigen Quasi-Delikte zu erwähnen. Die Quasi-Kontrakte haben, wenn auch vorwiegend theoretische, so doch immerhin auch praktische Bedeutung. Wegen der Verjährbarkeit, Vererblichkeit und Uebertragbarkeit der Obligation ist es von praktischer Wichtigkeit, daß die auftragslose und die vormundschaftliche Geschäftsführung, sowie der Antritt einer mit Legaten beschwerten Erbschaft, an und für sich, selbst wenn sie Verbindlichkeiten begründen, keine Delikte sind, es bedarf ferner auch schon wegen der nicht zu unterschätzenden praktischen Konsequenzen der besonderen Erwähnung, daß die condictio indebiti nicht auf einem Vertrage beruhe. Die Quasi-Kontrakte sind also einzelne Gattungen von Rechtsgeschäften so eigenthümlicher Natur, daß eine rechtsphilosophische Betrachtung erforderlich ist, um zu zeigen, daß sie keinem Delikte resp. keinem Kontrakte entspringen; ebenso sind aber auch die Quasi-Delikte unerlaubte Handlungen von einer entsprechenden singulären Natur, wenn auch die Charakterisirung derselben anscheinend gar kein praktisches Interesse bietet. Die Interpretation der Quasi-Delikte, im Prinzip derjenigen der Quasi-Kontrakte vollkommen gleich, ist noch leichter faßlich als diese und noch einfacher aus dem Wortlaute der Quellen zu folgern.

Delikte sind böslich oder fahrlässig vollführte unerlaubte Handlungen und eben deshalb mit Strafe belegt. Bis in die neueste Zeit hat sich jedoch bei einer Klasse als Präventivschutz erlassener Polizeigesetze die Strafbarkeit von Uebertretungen erhalten, ohne daß diese auf dolus oder culpa des Delinquenten zu beruhen brauchen. (cf. Oppenhof, Strafgesetzbuch für das deutsche Reich Noten zu § 360). Es kann nicht unsere Absicht sein, hier eine Untersuchung anzustellen, ob der Standpunkt berechtigt ist, Jemanden wegen einer Handlung in Anspruch zu nehmen, die ihm vernünftiger Weise gar nicht zugerechnet werden kann. Genug, daß eine solche Strafbarkeit existirt und im klassischen römischen Rechte ihr Analogon findet, ihre anomale Natur aber außer Frage steht. Auf eine derartige Anomalie gebührend hinzuweisen, läßt sich der rechtsphilosophische Geist der Römer nicht entgehen. Wenn nach § 1 Inst. l. IV. lit. 5 derjenige haftbar ist, aus dessen Stockwerk unter Verursachung eines Schadens etwas herausgeworfen oder herausgegossen wird, so kann Niemand annehmen wollen, daß er aus einem Kontrakte in Anspruch genommen werden könne, und hierüber verlieren die Quellen deshalb auch kein einziges Wort, wohl aber könnte man glauben, daß er aus einem Delikte haftbar sei, und hiergegen wenden sich die Römer, da er meist für die Schuld eines Andern aufkommen muß, also seinerseits ein Delikt im eigentlichen Sinne nicht vorzuliegen braucht. Gleichermaßen liegt, wie sie anführen, nur ein Quasi-Delikt vor, wenn Jemand in Strafe genommen wird, weil er an einem Orte, wo die gewöhnliche Straße vorübergeht, etwas hingestellt oder ausgehängt hat, das beim Herunterfallen Schaden verursachen könnte, denn hier fehlt überhaupt der strafbare Eingriff in eine fremde Rechtssphäre. Im § 2 l. c. wird darauf hingewiesen, daß die Schiffsrheder, Gast- und Stallwirthe, wenn sie für die auf dem Schiffe resp. in ihren Lokalen widerrechtlich zugefügten Beschädigungen verantwortlich gemacht werden, hierzu der mit ihnen Seitens des Beschädigten abgeschlossene Kontrakt keinen Rechtsgrund abgiebt, andererseits aber, soweit ihnen nicht etwa selbst ein Vergehen zur Last fällt, sie auch kein Delikt im eigentlichen Sinne begangen haben können. Am Interessantesten erscheinen die im pr. l. c. niedergelegten Betrachtungen über die Haftpflicht des Arbiters, der ein falsches Urtheil spricht. Aus einem Kontrakte kann er nicht in Anspruch genommen werden, da dieser ihn nur zur Fällung des Urtheils nach seinem Ermessen bestimmen sollte: deshalb hat er auch kein eigentliches Delikt begangen, da er ungeachtet eines mit unterlaufenden Irrthums nur seinen Verpflichtungen nachgekommen ist. Wir sehen also, daß sich die Römer der Schwierigkeit und Anomalie, einen Prozeßrichter wegen seiner Entscheidungen regreßpflichtig zu machen, wohl bewußt gewesen sind.

Die Interpretation der Quasi-Kontrakte und Quasi-Delikte findet hiernach eine gegenseitige Unterstützung, wenn man davon ausgeht, daß die Römer mit ihnen nicht etwa eine gedankenlose und unlogische allgemeine Ableitung von Obligationen haben geben wollen, es sich vielmehr angelegen sein lassen, dem Juristen den ganz singulären Charakter einzelner Obligationen klar zu legen.

Kapitel II.

Rechtsprobleme, welche innerhalb der systematischen Darstellung des positiven Rechts stehen, aber für jedes Rechtssystem gleiche Bedeutung haben und nicht dogmatisch, sondern dialektisch zu behandeln sind.

§ 4.

Versuch einer prinzipiellen Ableitung der gewissermaßen internationalen Rechtsprobleme.

Man wird, wenn man meinen Ausführungen beipflichtet, zugeben müssen, daß die Quasi-Kontrakte und Quasi-Delikte bei den Römern eine objektive und anerkennenswerthe Kritik des positiven Rechts enthalten. Der auf einer gewissen Geringschätzung der Quellen basirende Argwohn, daß ihnen jene Kritik nicht entnommen, vielmehr in dieselben von mir hineingelegt worden sei, muß meines Erachtens schon bei unbefangener Prüfung der quellenmäßigen Ausdrucksweise schwinden. Wenn in früheren Jahrhunderten das Verständniß für eine solche Art objektiver Kritik in dem bedeutendsten Vermächtniß des römischen Volkes fehlte, so ist dies weniger erstaunlich; auffallend aber bleibt es, daß bis in die neueste Zeit eine auf unbefangener Würdigung der von den Römern selbst ausgesprochenen Gedanken beruhende Interpretation hat außer Acht bleiben können. So lange uns jedoch das Wesen unserer eigenen heutigen Systematik nicht klar vor Augen liegt, fehlt uns die Anerkennung der Berechtigung philosophischer Abstraktionen bei Darstellung des positiven Rechts und deshalb auch das Verständniß für solche Abstraktionen.

Die Natur unseres wissenschaftlichen Denkens legt uns die unabweisbare Pflicht auf, nach einer allgemeinen Ableitung von Obligationen zu suchen. Wir müssen aber dabei eingedenk sein, daß eine solche Ableitung mit den positiven Rechtssatzungen, im Gegensatz zu der systematischen Darstellung des positiven Rechts, nichts zu thun hat. Ob es angemessen ist, für die allgemeine Ableitung bis auf Handlungen und Begebenheiten zurück zu gehen, darüber läßt sich streiten, unstreitig aber sollte feststehen, daß derartige Untersuchungen nicht minder für das eine, wie für das andere Rechtssystem geeignet sind. Wie sehr dies verkannt wird, läßt sich leichtlich nachweisen. Koch z. B. in seinem berühmten Werke: Recht der Forderungen, Bd. II § 68 erkennt ausdrücklich an, daß die Obligationen des vaterländischen Rechts aus Handlungen und Begebenheiten entspringen, und glaubt deshalb unter offenbarem Bedauern auf den Begriff des Quasi-Kontrakts für das preußische Landrecht verzichten zu müssen. Derartige systematische Fragen lassen sich aber eben so wenig in die Schranken eines nationalen Rechtes bannen, als man von einer vaterländischen Logik sprechen kann. In gleicher Weise nimmt auch Förster die Frage nach der Entstehung der Obligationen, wenigstens für das preußische Landrecht, als gesetzlich entschieden an. Er ist zugleich ein heftiger Gegner des Quasi-Kontrakts und sagt über diesen: „Auffallender Weise operirt noch immer die moderne Jurisprudenz mit diesem inhaltlosen Wort. Wo Begriffe fehlen, da stellt ein Wort zur rechten Zeit sich ein". So mag es denn wohl gekommen sein, wie schon in der Einleitung erwähnt wurde, daß es noch bis vor wenigen Jahren in unserem größten Bundesstaate ein beliebtes Thema für die Kandidaten der großen Staatsprüfung gewesen ist, ob es nach Preußischem Allgemeinen Landrechte Quasi-Kontrakte gäbe. — Eine solche Frage aber ist nicht bloß deshalb irrig, weil sich das preußische Gesetzbuch des Quasi-Kontrakts als Ausdruck nirgends bedient oder umgekehrt, weil die damit im römischen Rechte bezeichneten Rechtsgeschäfte sich unzweifelhaft auch im preußischen Rechte vorfinden; der Hauptirrthum liegt in der Vorstellung, den Quasi-Kontrakt an und für sich als eine Einrichtung eines positiven Rechts zu betrachten. Der Grund und Zweck der prinzipiellen Vergleichung einzelner nicht vertragsmäßiger Rechtsgeschäfte mit den Kontrakten kann Gegenstand einer Kritik sein, die Möglichkeit der Vergleichung kann aber weder in diesem, noch in jenem Rechte einem Zweifel unterzogen werden. Man wird zugeben müssen, daß sich Alles auf der Welt vergleichen läßt. Es kann zu einem bloßen Spiele des Witzes werden, von den entlegensten Begriffen Aehnlichkeiten aufzusuchen und festzustellen.

Es giebt aber in unserer modernen Rechtswissenschaft sehr viele Fragen, welche außerhalb des Rahmens des einzelnen positiven Rechts durchdacht sein wollen und entweder ihrer Natur nach von internationaler juristischer Bedeutung sein müssen oder doch wenigstens faktisch gegenüber der Rechtsentwickelung sämmtlicher Kulturvölker von solcher Bedeutung sind.

Diese Probleme zielen sämmtlich auf ein Erringen von Erkenntnissen, die für eine wahrhaft theoretische Behandlung des positiven Rechts unentbehrlich sind. Aber die Eigenart, wie jene Erkenntnisse gewonnen und wie sie behandelt sein wollen, wird nicht anerkannt. Für sie ist das einzelne positive Recht nur als Beispiel verwerthbar, sie können nicht dogmatisch, sondern nur logisch erwiesen werden, sie stehen nicht unter dem Einflusse des Gesetzgebers. Hierher möchte ich zunächst jede allgemeinere juristische Begriffsbestimmung rechnen, als diejenigen der Obligationen, des Eigenthums, Besitzes, Pfandrechts u. s. w. Sodann gehören zweitens alle Erörterungen hierher, welche das Vernunftgemäße der bestehenden rechtlichen Erscheinungen zu erklären suchen. So ist beispielsweise vielleicht die schwierigste Frage für die Theorie des Besitzes der Grund seines Schutzes. Es wird ferner wohl Niemandem auffallend erscheinen, daß Jeder durch seine eigene Handlung verpflichtet werden kann. Auch die Verbindlichkeiten aus Zuständen ziehen in philosophischer Hinsicht die Betrachtung nicht auf sich. Im Widerspruche mit dem Rechtsbegriffe erscheint es aber, daß fremde Handlungen ohne unsern Willen und zufällig erlangte Vortheile uns sollen verbindlich machen können. Hier hinein ragt der schwankende Begriff der ungerechtfertigten Bereicherung und derjenige der Billigkeit als Erklärung für die Bereicherungsklagen. Drittens wird eine ganze Reihe von Problemen dadurch hervorgerufen, daß wir bei manchen rechtlichen Erscheinungen genöthigt sind, uns einen Erklärungsgrund für die Möglichkeit ihres Bestehens zu suchen, weil das Bestehende nicht im Gegensatz zu logischen Nothwendigkeiten gedacht werden kann. Das Pfandrecht bietet als Beispiel besonders viele derartige Probleme. Zuerst schon scheint es unerklärlich, daß bei dem wenigstens bislang anerkannt dinglichen Charakter dieses Rechts Forderungen Gegenstand desselben sein können. Dann aber ist die Hypothek des Eigenthümers die berühmteste Kontroverse namentlich des preußischen Rechts. Niemand kann sich von sich für sich etwas nehmen, weil er es schon hat. Kann man füglich nicht sein eigener Schuldner sein, auch sein Eigenthum nicht für sich selbst beschränken, so bleibt es, abgesehen von dieser Beschränkung und abgesehen davon, daß dieselbe nach der accessorischen Natur des Pfandrechts eine persönliche Forderung gegen sich selbst voraussetzen müßte, noch ganz besonders unerklärlich, wie Jemandem an derselben Sache außer dem Eigenthume noch andere Rechte zuständig sein sollen. — Die vollkommene Herrschaft, welche Eigenthum genannt wird, läßt sich wohl einschränken, aber nicht ausdehnen. Wer eine solche Erweiterung anerkennt, leugnet den hergebrachten Begriff des Eigenthums. Alles und Etwas kann es nicht geben, ein solches „Alles" negirt sich selbst und kann Alles (Andere), nur nicht „Alles" sein.[1])

Ferner ist die Natur der juristischen Personen, wie Windscheid sagt, eine der brennendsten Fragen der Gegenwart. Wenn der Begriff der Persönlichkeit über das Individuum hinaus auf eine Mehrheit von Personen erstreckt wird, so wird dadurch eine unbegreifliche Schwierigkeit nicht geboten, und ist auch von den meisten neueren Schriftstellern die Natur dieser juristischen Erscheinung deutlich genug entwickelt worden. Unerklärlich erscheint es aber, daß einem Güterkomplexe gleich einer Persönlichkeit sollen Pflichten auferlegt und Rechte ertheilt werden können. Um es recht zu würdigen, wie schwer faßlich der Begriff einer solchen Erscheinung ist, braucht man sich nur zu vergegenwärtigen, daß nur der Mensch in Beziehung zum Menschen Rechte und Pflichten haben kann. Wäre der Erdenball nur von einem einzigen Menschen bewohnt, so könnte auf der irdischen Welt von einem Rechte füglich nicht gesprochen werden.

Es ist nun gewiß ein schlimmer Vorwurf für unsere moderne Systematik, daß man noch immer nicht aufhört, in fast allen Fällen, in denen sich unsere Theorie mit der Aufdeckung des Vernunftgemäßen oder der Möglichkeit rechtlicher Erscheinungen beschäftigt, mit einer juristischen Fiktion helfen zu wollen. Eine solche Hilfe auch nur entfernt für zulässig zu halten und mit ihr Probleme lösen zu wollen, bedeutet nichts anders, als in bequemer Selbsttäuschung, um den wissenschaftlichen Abstraktionen zu entfliehen, das Wahre mit dem Wahne verwechseln. Für den einfach denkenden Menschen liegt es auf der Hand, daß die Thatsachen, wie sie sind, nicht dadurch erklärt werden, daß man von ihnen abstrahirt

[1]) Zur Vermeidung eines Irrthums will ich ausdrücklich bemerken, daß ich an dieser Stelle die Begriffe des Pfandrechts und Eigenthums den hergebrachten Definitionen entsprechend und wenigstens theilweise im Widerspruch zu meinen späteren Ausführungen gebraucht habe.

und annimmt, sie lägen anders, als sie wirklich liegen. Wenn sich nun auch der Satz, daß Fiktionen und Präsumtionen keine rechtserzeugende Thatsachen sind, immer mehr Bahn bricht, so ist es doch klar, daß diese logische Trivialität nicht ausgesprochen werden durfte, wenn sie nicht Manche außer Acht gelassen hätten, und dieses kann wiederum nur dadurch ermöglicht worden sein, daß ein ganz außerhalb jeder Willkür positiven Rechts stehender Begriff wie eine historische Rechtserscheinung behandelt worden ist.

Demelius spricht gegen Ende der von ihm über „Rechtsfiktionen in ihrer geschichtlichen und dogmatischen Bedeutung" verfaßten Monographie seine Ansicht dahin aus: „Ich glaube mich somit der Meinung anschließen zu müssen, daß Fiktionen nie einen wissenschaftlichen Grund abgeben, vielmehr nichts sein können, als ein technischer Ausdruck positiver Rechtssätze. Bei den Römern wenigstens, das glaube ich im Einzelnen festgestellt zu haben, sind sie nie etwas Anderes gewesen." — Dieses von Demelius so vorsichtig gefaßte Resümé leidet aber vorzugsweise an zwei Mängeln. Zunächst fehlt in demselben eine Erklärung der Fiktion; sie als einen technischen Ausdruck zu bezeichnen, hat keinen Werth, so lange nicht der diesem Ausdruck zu Grunde liegende Begriff genau festgestellt ist. Ferner aber befindet sich Demelius insofern im Irrthume, als er es offenbar nicht für unmöglich hält, daß die Fiktion in irgend einem andern als dem römischen Rechte einen wissenschaftlichen Grund abgeben könnte. Diese Schwächen sind aber wiederum lediglich darauf zurückzuführen, daß Demelius den Begriff der Fiktion historisch zu entwickeln sucht. — Während Savigny in der einst so berühmten Schrift „über den Beruf unserer Zeit zur Gesetzgebung" den Römern, weil sie sich der Fiktionen zu bedienen verstanden, im Gegensatz zu uns eine ganz hervorragende rechtsgestaltende Kraft beimißt, stellt Demelius den Grundsatz auf, daß bei fortschreitender Rechtsentwickelung die Fiktionen immer mehr abgeworfen werden müssen. Mir will es jedoch scheinen, als ob das Wesen der Fiktion beiderseits verkannt ist, indem dieselbe weder als eine Eigenthümlichkeit des römischen Rechts, noch auch als ein bei fortschreitender Rechtsentwickelung entbehrlicher Begriff betrachtet werden darf. Es verlohnt sich der Mühe den Begriff der Fiktion in einfach logischer Weise zu entwickeln. Indem man feststellt, was sie einzig und allein bedeuten kann, hat man auch zugleich gefunden, was sie früher war, was sie heute ist und in Zukunft sein wird.

§ 5.

Die Fiktion.

Im vierten Buche seiner Institutionen zählt Gajus eine Anzahl Beispiele von Fiktionen auf. Man kann sie darstellen je nach der Seite, von der man die rechtliche Erscheinung auffassen will — als eine Gleichsetzung verschiedener Thatsachen in Hinsicht einer und derselben Rechtsregel oder als die Erstreckung derselben Rechtsregel auf verschiedene Thatsachen.

So ward die angefangene Usukapion wie eine vollendete behandelt (actio Publiciana § 36 a. a. O.), der prätorische Erbe, wenn er ein Objekt seiner Erbschaft erstreiten mußte, dem civilen gleichgesetzt (§ 34 a. a. O.). Die Römer hatten eine klangvolle Formel gegen den Bürger ihres Staats, der eines Diebstahls bezüchtigt wurde. Mit der Entwicklung des Rechts mußte auch der Anschauung, daß für den Thatbestand des Diebstahls die Nationalität des Diebes völlig in den Hintergrund tritt, Ausdruck gegeben werden. Das Gesetz, dem der einheimische Bürger unterworfen, ward auch auf den Fremdling ausgedehnt und die Formel entsprechend gefaßt. „Si paret ope consiliove Dionis Hermaei Lucio Titio furtum factum esse paterae aureae, quam ob rem eum, si civis romanus esset, pro fure damnum decidere oporteret et reliqua . . . (§ 37 l. 5).

Ebenso ist die fictio legis Corneliae nichts weiter als eine Anwendung der Rechtsregeln, welche beim Tode des Römers statthaben, auf das unglückliche Ereigniß, daß der freie Bürger als Gefangener in eine Sklaverei gerieth, die erst mit seinem Leben enden sollte: „In omnibus partibus juris is qui reversus non est ab hostibus, quasi tunc decessisse videtur quum captus est.“ Diese Art der Fiktion ist nun ein in der Jurisprudenz sich hundertfach wiederholender Ausdruck, um zu zeigen, daß Thatsachen, bei denen eine gewisse Verschiedenheit entweder obwalten muß oder auch nur obwalten kann, in juristischer Beziehung gleichgesetzt sind.

Diesen Sinn muß es haben, wenn Demelius (S. 92) sagt: „Die Fiktion ist eine Rechtsregel besonderen Ausdrucks.“

Am deutlichsten erklärt Puchta (Inst. Bd. I S. 328): „Es werden gewisse, nicht eingetretene Thatsachen fingirt, heißt also soviel als: Die Wirkung einer Thatsache wird auf eine andere übertragen."

Der so gewonnene Begriff der Fiktion ist so durchsichtig, daß man vom Standpunkte des positiven Rechts nicht wird begreifen können, wie er zu irgend welchen Mißverständnissen hat Veranlassung geben können. Noch unbegreiflicher aber muß es erscheinen, daß mit dem so einfachen Begriffe einzelne Aussprüche gerade derjenigen, welche sich in neuester Zeit eingehend mit der Fiktion beschäftigt haben, nicht in Einklang zu bringen sind.

Vor Allem liegt es doch klar am Tage, daß das Prinzip, welches die Fiktion verfolgt, und das darin besteht, Thatsachen, die ihrer Natur nach unterschieden werden können, mit gleichen rechtlichen Folgen zu verbinden, in jedem Rechte vorhanden sein muß und von keinem Rechte jemals verlassen werden kann. Hatten die Römer etwa Unrecht, als sie mit dem Fortschritte der Rechtsentwickelung aufhörten, bei den rechtlichen Folgen des Diebstahls die Nationalität des Diebes von Einfluß sein zu lassen? Nach preußischem Rechte kann der Erbe aus der Person des Erblassers den Widerruf einer Schenkung selbständig geltend machen, wenn Letzterer sein Leben oder seine Verstandeskräfte durch den Beschenkten verloren hat (§ 1157 Th. I Tit. 11 Allg. Landrecht). Koch und Förster drücken sich übereinstimmend aus: „Die Willensänderung des Erblassers wird fingirt", d. h. also: an die Thatsache, welche den Tod oder den Verlust der Verstandeskräfte zur Folge hatte, sind die rechtlichen Folgen der Willensänderung geknüpft. Steht dies im Widerspruch mit dem Fortschritte der Rechtsentwickelung?

Die Fiktion würde hiernach, wie schon oben bemerkt wurde, nichts anders bedeuten, als die Ausdehnung einer Rechtsregel auf Thatsachen, auf welche sie ursprünglich keine Anwendung hatte, die Unterstellung verschiedener Thatsachen unter dieselbe Maßregel oder auch die Gleichsetzung verschiedener Thatsachen in rechtlicher Beziehung.

Damit ist aber eine eigentliche Definition der Fiktion noch nicht gewonnen oder wenigstens noch nicht abgeschlossen, denn sie bezeichnet sich selbst als Einbildung, und dadurch gerade hat sie sich in ein geheimnißvolles Dunkel gehüllt und dem Mystizismus in der Jurisprudenz wesentlich Vorschub geleistet. Das Bild gewinnt im Geiste des Menschen allzu leicht eine Wesenheit, die dem Bilde nicht zukommt und den Menschen nicht ehrt. Bis auf unsere Tage finden wir noch starke Anklänge an die Verwerthung der Fiktion als einer Art Zaubermittel. Soweit sich bei solchen Machinationen ein Grundgedanke finden läßt, wird er wohl dahin wiederzugeben sein: Wenn die Jurisprudenz mit Einbildungen operiren darf, so giebt es keine Probleme mehr für sie, die Probleme werden durch Fiktionen gelöst. — Dieses Unwesen haben neuere dadurch zu vernichten getrachtet, daß sie die Fiktion als einen gleichsam nur bildlichen Ausdruck darzulegen versuchten. Sie ist aber in Wahrheit kein bildlicher Ausdruck, sondern der Ausdruck für ein Bild oder vielmehr für eine Einbildung, da die Vorstellung den Thatsachen nicht entspricht. Die freie Kraft des menschlichen Geistes von den Thatsachen, wie sie sind, ganz oder theilweis zu abstrahiren, hätte an sich für den Gesetzgeber keinen Werth, wenn er sich dadurch nur mit der thatsächlichen Wahrheit in Widerspruch setzen würde. Die durch Abstraktion gewonnene, den thatsächlichen Vorgängen nicht entsprechende Einbildung hat aber insofern ihre Berechtigung, als die Verschiedenheit der thatsächlichen Vorgänge rechtlich ganz unerheblich und nur dann von rechtlicher Bedeutung ist, wenn ihnen das Recht diese Bedeutung beilegt. Es ist leicht einzusehen, daß das objektive Recht den Zwangskurs für den rechtlichen Werth der Erscheinungen des menschlichen Verkehrs bildet. Die Fiktion hat also keine, die thatsächlichen Verhältnisse umschaffende Kraft, sie beruht vielmehr nur darauf und ist ein Beleg dafür, daß diesen Verhältnissen an sich eine rechtliche Bedeutung nicht inne wohnt, solche vielmehr lediglich dem durch den menschlichen Verkehr bedingten objektiven Rechte entspringt. —

Mag man nun aber in der Fiktion die in die Erscheinung tretende Rechtsregel, welche verschiedene Thatsachen gleichsetzt, erblicken oder mag man sie richtiger ihrem ursprünglichen Begriffe nach als die durch Abstraktion bildende Kraft auffassen, welcher die Rechtsregel ihren Ursprung verdankt, so ist sie doch kein Gegenstand des Lobes oder Tadels, auch kann sie nicht als ein besonderer Vorzug des römischen Rechts betrachtet werden. Der Ausdruck der Fiktion kann dem Schalle nach schwinden, das Wesen ihres Begriffs hat in allen Rechtsgebieten für alle Zeiten gleiche Geltung.[1])

---

[1]) Mit den Fiktionen treten die Präsumtionen bald als gleichbedeutend, bald auch in subtiler Unterscheidung auf. Der Name thut natürlich nichts zur

§ 6.

Andeutung des allgemeinen Begriffs der juristischen Person, des Eigenthums und des Pfandrechts.

In dem § 4 habe ich versucht, eine prinzipielle Grundlage aller derjenigen Fragen unserer Rechtswissenschaft aufzustellen, welche niemals dogmatisch behandelt und beantwortet werden dürfen und dem Privatrecht aller Kulturvölker gemeinsam angehören müssen.

Diese Fragen insgesammt systematisch zu bearbeiten, ist zwar meines Erachtens eine unabweisbare Aufgabe unserer Wissenschaft, sie übersteigt aber mein Können und Wollen und ist jedenfalls nicht der Zweck der von mir unternommenen Arbeit. Ich möchte aber meine civilrechtliche Skizze, als welche ich die vorliegenden Blätter wohl bezeichnen kann, nicht schließen, ohne wenigstens noch beispielsweise anzudeuten, wie fruchtbar eine solche Systematik sein müßte und wie wenig ihr bisher vorgearbeitet ist. Hierbei will ich das Augenmerk zuvörderst auf die juristische Person lenken. Es

Sache. Nach logischem Befunde lassen sich aber folgende Unterscheidungen bei den Präsumtionen festhalten:

A. Der Gesetzgeber setzt zwei unter allen Umständen verschiedene Thatsachen unter allen Umständen gleich; z. B. den peregrinischen Dieb dem römischen (Fiktion).

B. Er setzt zwei Thatsachen rechtlich gleich, die ihrer Natur nach, wirklich gleich sein können, aber es nicht zu sein brauchen; z. B. das in der Ehe geborene Kind dem ehelichen.

Thut er das nur so lange, bis der Gegenbeweis erbracht ist, so ist dies nach dem technischen Ausdruck nur eine rechtliche Präsumtion, d. h. eine Rechtsregel, die für die Beweiskraft von Wichtigkeit ist. Thut er dies aber unter allen Umständen, läßt er den Gegenbeweis nicht zu, dann fällt die natürliche Wahrscheinlichkeit gar nicht mehr in die Wagschale, und es liegt kein Bedürfniß vor, eine solche praesumtio juris et de jure von der Fiktion A zu unterscheiden.

C. Schließlich giebt es noch eine Art von Präsumtion, welche weder die Beweislast regelt noch mit der Fiktion gleichbedeutend ist, sondern nur die Uebereinstimmung der Rechtsauffassung mit den thatsächlichen Vorgängen, die ausdrückliche Anerkennung der Unwiderleglichkeit eines logischen oder Induktionsbeweises bekundet. Wird z. B. präsumirt, daß ein Kind, welches am 303. oder einem späteren Tage nach Auflösung der Ehe geboren, nicht in der Ehe gezeugt sei, so ist diese Annahme, falls eine Ausnahme möglich wäre, eine Fiktion, andernfalls aber ist sie der Ausdruck eines durch Induktion feststehenden Thatbestandes.

ist wohl der Versuch gemacht worden, sich über die Schwierigkeit der juristischen Person einfach hinwegzuhelfen, indem man sie als Zweckvermögen definirte. Dernburg und Förster haben aber die Unzulänglichkeit dieser Auffassung genügend dargethan, wenn sie darauf hinweisen, daß mit dem Begriffe des Vermögens nothwendig auch das Merkmal des Zwecks verbunden sein muß, zweckloses Vermögen kein Vermögen sei und in gewissem Sinne jedes Vermögen einem Zwecke dient, also Zweckvermögen ist. — Förster definirt mit prinzipieller Unterscheidung der universitas personarum und der universitas bonorum; nur die letztere ist für ihn eine fingirte Persönlichkeit, die erstere ist aber nicht nur ideell, sondern existirt, wie er sich ausdrückt, wirklich als ein Personenverein, der als solcher durch einen Selbstzweck individualisirt ist, die Erreichung dieses Zweckes durch bestimmte vertretende Organe will und durch sie handelt und deshalb Rechtsfähigkeit besitzt. Wenn Förster sagt, daß die universitas personarum wirklich existirt, so muß das dahin richtig gestellt werden, daß zwar jede Persönlichkeit im rechtlichen Sinne, auch die mit dem einzelnen physischen Menschen verbundene, etwas nur ideelles ist, sie aber immerhin, soweit sie ein Dasein hat, bei einem Personenverein in gleicher Weise wirklich existirt, wie bei dem einzelnen physischen Menschen. Der Hauptwerth der Förster'schen Definition liegt aber wohl vorzugsweise darin, daß er klar erkannt hat, worin das Problem der juristischen Person besteht und daß es eigentlich erst mit der universitas bonorum seinen Anfang nimmt. Bei der universitas personarum haben wir mehrere Einzelwillen, welche in gewisser Beziehung als ein einheitlicher Gesammtwille betrachtet werden. Im Prinzip, wenn auch bedeutend eingeschränkter, ist eine derartige Zusammenfassung der Einzelwillen auch bei den Korrealobligationen vorhanden, sie bietet also jedenfalls keine der juristischen Person eigentliche Schwierigkeit. Anders aber ist es bei der universitas bonorum.

Das objektive Recht kann nicht davon abstrahiren, daß einzig und allein den Menschen Rechte und Verbindlichkeiten zustehen können, da aber trotzdem im Rechte fingirte Persönlichkeiten Anerkennung gefunden haben, so ist dadurch ein Problem geschaffen, welches durch die Fiktion ausgedrückt, aber keineswegs gelöst wird. Wenn in neuester Zeit gesagt worden ist, die Wissenschaft dürfe nicht fingiren, so hat dies doch nur insoweit eine Berechtigung, als sich die Wissenschaft nicht einbilden darf, in der Fiktion eine Lösung von Problemen gefunden zu haben, es muß ihr aber unbenommen bleiben, die rechtliche Erscheinung der juristischen Person einer Stiftung zc. als fingirte Person drastisch und richtig zu charakterisiren. Das Problem selbst besteht jedoch lediglich darin, die menschliche Seele zu finden, welche der Träger der Rechte und Verbindlichkeiten der juristischen Person ist. Mit dieser Gestaltung des Problems ist aber zugleich auch dessen Lösung gegeben. Wir müssen uns vergegenwärtigen, daß auf den Gesammtwillen der in rechtlicher Gemeinschaft lebenden Menschen alle Rechte und Verbindlichkeiten in ihrem ersten Ursprung zurückzuführen sind, daß er der eigentliche Träger des gesammten Rechtslebens ist und der Einzelwille rechtlich nur insoweit in Betracht kommt, als er sich auf den Gesammtwillen zu stützen vermag. Wir haben es schon oben erwähnt, daß, wenn auf dem Erdballe nur ein einziger Mensch vorhanden wäre, von einem Rechte nicht gesprochen werden könnte.

Der menschliche Verkehr bedingt das Recht, und der auf der Rechtsüberzeugung der Autorität [1]) der in rechtlicher Gemeinschaft lebenden Menschen beruhende Gesammtwille begründet es. Wir sehen also, daß die juristische Person im Prinzipe kein künstliches

---

[1]) Puchta und mit ihm viele Andere lassen das Recht aus der gemeinsamen Ueberzeugung der in rechtlicher Gemeinschaft Stehenden erwachsen. Dies geht zu weit. Für eine Gesammtheit kann immer nur deren Autorität maßgebend sein, also wird es auch immer nur auf die Ueberzeugung der Autorität ankommen. Die Ueberzeugung ist eben etwas, das sich nicht erzwingen läßt, es kann und wird daher immer Solche geben, welche dem geltenden Rechte keine Ueberzeugung entgegentragen. Es versteht sich, daß der Begriff der Autorität mit demjenigen der Majorität weder einen Gegensatz bildet, noch auch zusammenfällt, vielmehr an sich mit demselben überhaupt nichts zu schaffen hat. Die Autorität als solche ist nicht allgemein, sondern nur nach dem jeweilig geltenden Rechte zu definiren. Es giebt eine Schule, welche von der Ueberzeugung bei der Entstehung des Rechts ganz absieht. Der rechtserzeugende Gesammtwille ist bei ihr der gemeinsame, von der Ueberzeugung ganz unabhängige Wille der in rechtlicher Gemeinschaft Lebenden. Die Anhänger dieser Ansicht können mit Fug nicht nur von dem Willen der Autorität, sondern von dem gemeinsamen Willen den Gesammtwillen ableiten, indem sie sich den nicht gerne Wollenden gegenüber auf den Satz stützen: quamquam coactus tamen voleo. Die Rechtsüberzeugung ist jedoch ein wesentliches Erforderniß eines wahrhaften Rechts, denn das wider die Ueberzeugung der zuständigen Autorität aufgedrängte Recht ist eine in die Formen des Rechts gekleidete Vergewaltigung.

Gebilde des Rechtslebens, sondern seine Voraussetzung ist, früher als die Persönlichkeit des Einzelwillens existirt die Person des Gesammtwillens der Staatsbürger, nicht die letztere wird von der ersteren abgeleitet, sondern umgekehrt beruht die erstere allein auf der letzteren. So auf den Ursprung jedes subjektiven Rechts zurückgehend, fällt das Problem in sich zusammen, denn überall da, wo sich der Gesammtwille nicht des Mediums der Einzelwillen als Träger von Rechten und Verbindlichkeiten bedient hat, ist er selbst der Träger dieser Rechte und Verbindlichkeiten geblieben und zwar in gleicher Weise bei der sogenannten universitas rerum, wie auch beim Familienfideikommiß, soweit bei diesem das Eigenthum für eventuelle Berechtigungen nicht existirender Menschen eingeschränkt wird. Niemals also ist die universitas rerum für sich selbst ein Rechtssubjekt, für den Fall, daß als solches keine Korporation als kleinerer Kreis von Einzelwillen konstatirt werden kann, ist auf den Gesammtwillen selbst als Rechtssubjekt zurückzugehen. Die universitas rerum ist ein dem Gesammtwillen unterstelltes, zu bestimmten Zwecken verwaltetes Vermögen. Ein Rechtssubjekt außerhalb der existirenden menschlichen Seelen anzunehmen, ist ein Mystizismus der verwerflichsten Art. Der Mystizismus bei erklärlichen Dingen erscheint noch schädlicher als ein flacher Rationalismus gegenüber dem Unerklärlichen. Der Ausbau des unter den Menschen geltenden Rechts ist eine menschliche Einrichtung, die überall der verstandesmäßigen Erklärung bedarf und diese auch finden muß.

Die praktischen Konsequenzen dieser Theorie der juristischen Personen gehören nicht hierher, das richtige Taktgefühl, das die Kunst der römischen Jurisprudenz ausmacht, hat sie längst gezogen. Ich verlasse jetzt die juristischen Personen und möchte die Aufmerksamkeit nur noch auf die beiden Definitionen des Eigenthums und des Pfandrechts lenken.

Im gewöhnlichen Sprachgebrauche wird Eigenthum oft gleichbedeutend mit dem Recht an den einzelnen Bestandtheilen des Vermögens gebraucht. Es läßt sich darüber streiten, ob eine solche Ausdrucksweise verwerflich ist oder ihre Berechtigung hat. Dem Juristen aber ist es eine Nothwendigkeit, zwischen den Obligationen und den Rechten an einem greifbaren Stücke der Außenwelt zu unterscheiden. Wenn er also auch von dem Eigenthume an einer Forderung sprechen wollte, so würde er doch trotz der wegen ihrer

Gleichheit leicht zu Irrthümern veranlassenden Ausdrucksweise damit ein ganz wesentlich unterschiedliches Recht als das Eigenthum an einer Sache verstehen. Nur von dem Sacheigenthume soll hier die Rede sein; es scheiden also auch die Statusrechte und sonstige auf Privileg beruhende oder anderweit begründete absolute, aber nicht dingliche Rechte aus. Inwieweit Gerechtigkeiten hierher gehören, wird davon abhängen, was man unter dem Begriffe des Eigenthumsrechts vorzugsweise zu verstehen hat, ihre prinzipielle Ausscheidung soll keine Voraussetzung der Begriffsentwicklung bilden, sondern sich als eine Folge derselben ergeben.

In Uebereinstimmung mit Savigny und Puchta wird das Eigenthum als die volle und ausschließliche rechtliche Herrschaft einer Person über eine Sache definirt. Diese Begriffsbestimmung hätte höchstens den historischen Werth, die römische Konstruktion des Eigenthums inhaltlich darzulegen. Es muß jedoch auch bestritten werden, daß ihr dies gelungen ist. Die mannigfachen Beschränkungen namentlich des Grundeigenthümers im Interesse der Gesammtheit und seiner Nachbarn, sind auch dem römischen Rechte nicht fremd, vor Allem aber kennt es dingliche Rechte, welche das Eigenthum nicht aufheben, sondern nur einschränken. So giebt es denn auch im römischen Rechte ein Eigenthum ohne volle und ausschließliche Herrschaft über die Sache. Man wende hierbei nicht ein, daß diese Einschränkungen nur wie Ausnahmen, welche die Regel nicht alteriren, betrachtet werden dürften; sie widerlegen vielmehr prinzipiell die Richtigkeit des entwickelten Eigenthumsbegriffs. Wenn das Eigenthum alle Rechte an eine Sache umfaßt, so kann neben demselben, wie ich bereits früher ausführte, nicht noch ein besonderes Recht an der Sache für den Eigenthümer existiren; gleichermaßen bleiben aber auch dem Eigenthümer nicht alle Rechte erhalten, wenn ihm irgend welches Recht an der Sache entzogen ist. Alles weniger Etwas ist eben auch nicht Alles, gehört also zum Eigenthumsbegriff die Totalität der rechtlichen Herrschaft, so würde eine Einschränkung dieser Herrschaft nicht möglich sein, und da sie thatsächlich möglich ist, kann die Totalität der rechtlichen Herrschaft nicht zum Eigenthumsbegriff gehören.

Die Richtigkeit dieser Ausführungen vorausgesetzt, sind wir aber zu dem erstaunlichen Resultat gelangt, daß das Eigenthum, das hauptsächlichste Fundament unseres Privatrechts, in unseren Rechtssystemen überhaupt noch keine Definition gefunden hat.

Windscheid, der sich der Mängel der hergebrachten Definition wohl bewußt ist, sagt mit den Worten: „Eigenthum bezeichnet, daß Jemandem eine Sache eigen sei und zwar nach dem Rechte" — doch eigentlich weiter nichts, als Eigenthum ist Eigenthum. Wenn er aber fortfährt: „daß Jemandem eine Sache eigen ist, will sagen, daß sein Wille für sie entscheidend ist in der Gesammtheit ihrer Beziehungen", — so hat er sich doch damit eigentlich wiederum lediglich auf den Boden der hergebrachten Definition gestellt. Die meisten Schriftsteller wollen jedoch die Nothlage der Rechtswissenschaft, keine richtige Definition des Eigenthums zu besitzen, nicht anerkennen, und namentlich die Romanisten suchen mit geistreichen Deduktionen an dem Althergebrachten festzuhalten. Gegenüber der endlosen Art, in welcher sich der Wille in Bezug auf die seiner Herrschaft unterworfene Sache bethätigen kann, halten sie den Fortfall einzelner Befugnisse bei der Charakterisirung der doch immerhin noch übrig bleibenden endlosen Zahl von Berechtigungen für irrelevant. Sie haben sich des blendenden Gleichnisses bedient, daß die dinglichen Rechte auf eine fremde Sache sich zum Eigenthum, wie die Obligationen zur Persönlichkeit verhalten; so wenig die letzteren die Freiheit der Person aufheben, so wenig sollen jene die des Eigenthums zerstören. Diese Ausführungen beruhen doch aber nur auf einer leicht nachweisbaren Selbsttäuschung. Die endlose Art, in welcher sich der Wille gegenüber der Sache bethätigen kann, ist weder ein besonderes noch auch ein immer zutreffendes Merkmal des Eigenthumsbegriffs, sie liegt auch im jus utendi fruendi, in jeder Befugniß allgemeiner Natur, welche mit dem Eigenthumsrechte verbunden sein kann, meistens auch verbunden sein wird, aber doch nicht nothwendig verbunden zu sein braucht. Ob sehr erhebliche Einschränkungen des Eigenthums nur ausnahmsweise vorkommen, ist für das Prinzip gleichgiltig. Man braucht nicht erst auf das deutsche Recht und die dort entwickelte nuda proprietas hinzuweisen, um sich zu vergegenwärtigen, daß zum Prinzipe des Eigenthumsbegriffs die totale rechtliche Herrschaft nicht gehört. Die zur Argumentation herangezogene Freiheit der Persönlichkeit beweist ebenfalls nichts. Freilich bleibt sie trotz bestehender Obligationen frei, ihre Freiheit wird aber doch nur deshalb bewahrt, weil die Freiheit richtig definirt wird. Wollte man analog der totalen rechtlichen Herrschaft, die im Eigenthume liegen soll, die Freiheit der Persönlichkeit in deren schrankenloser Willkür finden, dann freilich gäbe es gegenüber solcher Freiheit keine Obligationen und überhaupt kein Recht.

Bei dieser Sachlage wird es wohl kaum Wunder nehmen, daß sich in neuester Zeit eine Reaktion gegen den Begriff der totalen rechtlichen Herrschaft entwickelt hat. Sie geht davon aus, daß in concreto die volle Herrschaft über die Sache dem Eigenthümer nicht beizuwohnen braucht und deshalb auch die Totalherrschaft in abstracto im Wesen des Begriffs des Eigenthums nicht liegt und zwar weder aktuell, noch auch in der Tendenz, sich zur Totalherrschaft auszubilden. Jene Reaktion läßt also für das Eigenthum überhaupt keinen Inhalt mehr übrig. Für sie ist es kein Problem, daß der Eigenthümer an derselben Sache neben dem Eigenthum den Nießbrauch, das Pfandrecht oder ein anderes dingliches Recht inne hat. Indem sie die Tendenz des Eigenthums zur unbeschränkten Macht heranzuwachsen seinem Wesen nach nicht anerkennt, betrachtet sie diese Tendenz nur als eine künstliche, nicht überall zutreffende Konstruktion römischer Rechtswissenschaft, eine Konstruktion, die in der Natur des Privatrechts keineswegs mit Nothwendigkeit gegeben sei. Die Erfahrung belehrt uns allerdings unwiderleglich, daß einzelne Befugnisse wie z. B. das Jagdrecht und das Bergbaurecht grundsätzlich aus dem Eigenthumsrecht ausgeschieden sein können. Wenn also dem Grundeigenthümer neben seinem Eigenthum auch das Jagdrecht an demselben Grundstücke zustehen kann, so findet es jene neuere Theorie auch ebenso gut möglich, daß ihm irgend welche Servitut neben seinem Eigenthume an derselben Sache gebührt. Gegen diese Konsequenz läßt sich von vorne herein einwenden, daß es doch ein wesentlicher Unterschied ist, ob das Recht eine Befugniß aus dem Eigenthumsrechte definitiv ausscheidet, oder ob es nur zuläßt, daß durch Ausscheidung gewisser Befugnisse das Eigenthum im einzelnen Falle beschränkt wird. Dennoch aber erscheint es sehr schwer, vielleicht unmöglich, den Fehlschluß jener Konsequenz nachzuweisen, ohne daß ein fester Maßstab für den Inhalt des Eigenthumsbegriffs gewonnen ist. Für einen solchen Maßstab würde sich bisher nur das negative Resultat ergeben haben, daß er aus der hergebrachten Definition und aus der Menge der Befugnisse, die dem Eigenthümer zustehen, unmöglich entnommen werden kann.

Das Vorausgeschickte ist aber wiederum in doppelter Hinsicht ein Beleg der Tendenz meiner Arbeit. Es zeigt zunächst, daß bei so allgemeinen Begriffen, wie Eigenthum, der individuelle Charakter, zu welchem sich der Begriff im einzelnen positiven Rechte ausgebildet hat, nicht erkannt werden kann, bevor nicht der Begriff in seiner Allgemeinheit entwickelt ist. Es zeigt ferner, daß die analytische Methode, aus dem engen Horizonte eines einzigen positiven Rechts solche allgemeine Begriffe zu entwickeln, zu keinem gedeihlichen Resultate führt.

Die Dinge der Außenwelt erscheinen für das objektive Recht so lange gleichgültig, als sie nicht durch den Willen der Menschen in die Rechtssphäre hineingezogen sind. Die Hineinziehung eines Stücks Außenwelt in die Rechtssphäre ist die rechtliche Bedeutung des Eigenthums, und umgekehrt hat eine Sache, welche nicht im Eigenthum einer juristischen oder natürlichen Person steht, keine rechtliche Bedeutung. In diesem Sinne erscheint für das Eigenthum nur allein wesentlich, daß es die Hineinziehung der Sache in die Rechtssphäre, also die Grundlage für jedes Recht an der Sache bedeutet, daß es kein fremdes Recht neben sich zu seiner Existenz voraussetzt. Es ist das einzige selbstständige Recht an der Sache. Nicht der Umfang der Befugnisse läßt sich bei dem Eigenthumsrechte bestimmen, der Inhalt aber, daß es kein fremdes Recht neben sich zu seiner Existenz voraussetzt, ergiebt von selbst die logisch gerechtfertigte Konsequenz, daß, soweit solches nicht entgegensteht, auch die Gesetze keine Einschränkung auflegen, das Eigenthum die totale rechtliche Herrschaft über die Sache bedeutet. Diese Definition des Eigenthums erweist, daß man mit Fug von einem Eigenthume an einer Grundgerechtigkeit nicht sprechen darf und daß die Tendenz des Eigenthums, zur totalen rechtlichen Herrschaft heranzuwachsen, keine künstliche Konstruktion römischer Rechtswissenschaft ist, sondern sich als Konsequenz seines logischen Begriffsbefundes ergiebt. Das beschränkteste Eigenthum ist immerhin noch selbstständig, und umgekehrt ist die ausgedehnteste Grundgerechtigkeit, wie Erbpacht und Lehn, bedingt durch die Existenz des Eigenthums. Hieraus folgt, daß nach den Regeln des Rechts beim Fortfall von Erbpacht und Lehn das Eigenthum seine Tendenz zur totalen Herrschaft hätte erreichen müssen, während uns die Geschichte belehrt, daß gerade umgekehrt der Erbpächter den Erbzinsherrn, der Vasall den Lehnsherrn verdrängt hat. Die Gründe hierfür sind aber außerhalb juristischer Konsequenzen zu suchen.

Bei dem Pfandrecht wird uns dieselbe Erfahrung wie bei dem Eigenthum entgegentreten. Soweit man sich nicht begnügt, anstatt das Pfandrecht zu definiren, die Eigenschaften desselben in losem Konglomerate aufzuzählen, hält man noch immer daran fest, es als das dingliche, Jemandem für eine Forderung eingeräumte Recht auf eine fremde Sache, vermöge dessen er die Sache veräußern und sich aus dem Erlöse befriedigen kann, zu bezeichnen. In dieser Definition ist aber nicht nur fast jedes Wort bestritten, sondern auch durch thatsächliche Erscheinungen widerlegt. Das Pfandrecht an Forderungen widerspricht dem dinglichen Charakter, die Grundschuld und die Hypothek des Eigenthümers zeigt, daß das Pfandrecht accessorisch wenigstens nicht zu sein braucht. Vor allem ist aber auch die Definition eigentlich keine, denn sie giebt auch nur ein bloßes Konglomerat äußerlicher Erscheinungen, bei denen ein zusammenhängendes Prinzip fehlt. Das dingliche Recht hat zunächst gar keinen Inhalt. Die Veräußerungsbefugniß kann keinen Inhalt abgeben, denn sie nutzt für sich allein dem Pfandgläubiger garnichts, sie ist dem Pfandschuldner nicht entzogen und ferner auch kein Recht an der Sache, sondern nur ein Recht auf die Herrschaftsvermittelung über die Sache. Die Befriedigung aus dem Erlöse kann aber aus vielen Gründen ebenfalls nicht als der Inhalt jenes dinglichen Rechtes an der Sache gelten, sie steht überhaupt, obwohl die relevanteste Erscheinung des Pfandrechts, ganz unvermittelt da, indem nicht abzusehen ist, wie das Pfandrecht an der Sache zu einem Eigenthumsrecht an dem Erlöse derselben führen kann. — Die von der verwickelten Erscheinung abstrahirende Betrachtung eröffnet uns sofort das eigentliche Wesen des Pfandrechts. Unbedenklich und einwandsfrei wird zunächst als allgemein gültiger Zweck des Pfandrechts seine Bestimmung hinzustellen sein, eine reale Sicherheit für einen persönlichen Anspruch zu bieten. — Dieser Satz wird dadurch nicht alterirt, daß auch der accessorische Charakter des Pfandrechts bestritten ist. Richtig gefaßt darf diese Kontroverse nur erörtern wollen, ob die zur Sicherheit eingeräumten Rechte von ihrem ursprünglichen Zwecke, dem persönlichen Anspruche, abhängig bleiben, also auch mit der Forderung das eingeräumte Pfandrecht steht und fällt, und anderntheils, ob die eingeräumten Rechte nicht möglicherweise den Stempel dieses einen Zweckes so wenig tragen, daß sie zur Erreichung eines ganz anderen ebenso gut zu verwenden sein möchten.

Um die Vorgänge, welche zur Erreichung des Zweckes, dem das Pfandrecht seine Entstehung verdankt, erforderlich sind und ihn ermöglichen, in ihrer primitivsten und prinzipiellen Gestalt aufzufassen, dürfen wir nur zwei Betrachtungen nicht außer Acht lassen. Die erste Betrachtung zeigt als Pfandobjekt das verpfändete Vermögensrecht selbst. Wer nämlich mit einer Sache (sc. den Rechten an einer Sache) oder einem Rechte für eine Forderung Sicherheit bestellen will, der kann zwar der Denkbarkeit nach mit einer einzelnen Befugniß aus den ihm an irgend einem Gegenstande zustehenden Rechten Sicherheit bestellen wollen, dann aber ist in Wahrheit nur jene einzelne Befugniß Pfandobjekt. Es ergiebt sich hieraus, daß zum Objekt der Sicherung nicht nur eine einzelne Befugniß an dem Pfandgegenstande, sondern dieser selbst bestimmt sein muß, gleichgültig ob er ein nur persönliches Forderungsrecht oder das Nutzungsrecht an einer fremden Sache oder das Eigenthumsrecht selbst zum Inhalte hat.

Die zweite Betrachtung ist die, daß reale Sicherung einer Forderung durch Verpfändung nichts anderes bedeuten kann, als eine bedingte Tilgung der Forderung durch Angabe an Zahlungsstatt; die reale Sicherung ist die bedingte Tilgung oder wenigstens die bedingte Hingabe für den Fall der nicht vertragsmäßigen Lösung der Forderung. Wir haben auf diese Weise das Resultat gewonnen, daß das Pfandrecht stets eine bedingte Veräußerung in sich einschließt. Es ist eben eine einfache Betrachtung, daß man, um mit einem Vermögensobjekte Sicherheit zu bestellen, außerhalb desselben nichts geben, vielmehr nur dieses selbst übertragen kann und die Uebertragung, um nicht über den Zweck der bloßen Sicherung hinaus zu gehen, in bedingter Weise geschehen muß. Zur Verkennung dieses einfachen Axioms, daß das Pfandrecht stets eine bedingte Veräußerung des Pfandgegenstandes zum Inhalte haben muß, hat die dogmatische Methode, die Betrachtung des Rechtsinstituts in seiner historischen Entwicklung und Verwicklung, ich möchte sagen, mit Nothwendigkeit führen müssen. Da ist zunächst dem Pfandgläubiger an dem Pfandgegenstande selbst nichts gelegen, sondern nur an dessen Erlöse, auch beabsichtigen die Kontrahenten durch den Pfandkontrakt nur die Befriedigung aus dem Erlöse herbeizuführen, überdies ist auch die lex commissoria — der vereinbarte Verfall des Unterpfands an den Gläubiger bei nicht pünktlicher Zahlung — im späteren römischen, im gemeinen und im preußischen Landrechte verboten worden. Diese thatsächlichen Erscheinungen widersprechen aber nur scheinbar dem an sich unumstößlichen Prinzip der bedingten Veräußerung. Ihr scheinbarer Widerspruch wäre vielleicht längst beseitigt worden, wenn sich nicht gerade hier die allgemein übliche begriffliche Verwechselung des Rechts auf den Werth des Pfandobjekts und des Rechts der Verwerthung des Pfandobjekts eingeschlichen hätte. Der Pfandschuldner, der das Pfandobjekt und nicht dessen Verkaufserlös verpfändete, der neben dem Pfandobjekte auch niemals dessen Verkaufserlös besaß, konnte auf den Pfandgläubiger ein unmittelbares Recht auf den Verkaufserlös auch nicht direkt übertragen. Das unmittelbare Recht des Pfandgläubigers auf den Verkaufserlös, welcher an Stelle des Pfandobjekts selbst und nicht nur einer einzelnen Befugniß an diesem Objekte tritt, kann nur durch das Recht des Gläubigers auf das Pfandobjekt selbst vermittelt werden. Das Recht des Pfandgläubigers auf Verwerthung der Sache hängt aber mit dem Rechte auf den Werth der Sache nicht zusammen und ist kein im Wesen des Pfandrechts liegendes Requisit, sondern nur eine Maßnahme des positiven Rechts zur Herbeiführung der Auseinandersetzung zwischen Pfandgläubiger und Pfandschuldner. Das Verbot der lex commissoria beschränkt das Pfandrecht auf eine Veräußerung des Pfandobjekts zu einem nur ideellen Theile und bedingt die Auseinandersetzung zwischen Pfandgläubiger und Pfandschuldner durch Veräußerung. Ebenso ist das durch die zeitige preußische Zwangsvollstreckungsordnung in das unbewegliche Vermögen eingeführte Institut des geringsten Gebots nur eine Maßnahme des positiven Rechts, welche die Auseinandersetzung zwischen Gläubiger und Grundstückseigenthümer von gewissen Voraussetzungen abhängig macht; wie denn überhaupt positive Satzungen den eventuellen Eigenthumsübergang an den Gläubiger erschweren, verschleiern, ohne besondere Formalitäten wieder rückgängig machen, aber den wahren Charakter des Pfandrechts nicht beseitigen können.

Die bedingte Veräußerung ist das Wesen des Pfandrechts, dessen es sich niemals entschlagen kann. Es muß nach der Natur der Sache gleichermaßen sowohl bei der alten fiducia, wie in unserem heutigen Pfandrechte, in dessen primitivster Form und in dessen höchster Entwicklung, in welchem Rechte auch immer vorhanden sein. In einer besonderen Brochüre (Systematik des Pfandrechts und der Hypothek des Eigenthümers) habe ich dies dogmatisch und dialektisch näher nachzuweisen versucht und das heutige Pfandrecht dahin definirt: das Pfandrecht im subjektiven Sinne ist der bedingte Erwerb eines zu einem ideellen, unbestimmten aber bestimmbaren Theile veräußerten Vermögensobjekts. Die Bestimmbarkeit ergiebt sich aus dem Verhältnisse einer bestimmten Summe zu dem unbestimmten Erlöse, — und zwar unbeschadet der durch die Priorität anderer Gläubiger vorweg in Anspruch genommenen ideellen Theile und ferner unbeschadet des Umstandes, daß hierdurch die bedingte ideelle Veräußerung sich beim Eintritt der Bedingung als gegenstandslos herausstellen kann.

Ich glaube und habe auszuführen versucht, daß vor dieser synthetisch begründeten Definition die meisten Probleme des Pfandrechts schwinden müssen. Zunächst rechtfertigt sie die Befriedigung des Pfandgläubigers aus dem Erlöse des Pfandobjekts, sodann erweist sie, weshalb das sachliche Pfandrecht das einzige dingliche Recht ist, dessen Ausübung zur Zerstörung des Eigenthums in der Hand des bisherigen Eigenthümers führen muß. Es ergiebt sich ferner, daß die Dinglichkeit des Rechts im Wesen des Pfandrechts nicht liegt, daß es seinem ursprünglichen Zwecke nach ohne Zweifel accessorischer Natur ist, nach seiner juristischen Konstruktion als bedingte Veräußerung aber auch selbstständig bestehen kann. Die Hypothek des Eigenthümers bedeutet kein besonderes Recht, sondern den Fortfall der bedingten Veräußerung. Die Priorität eines Pfandgläubigers vor dem anderen findet ihre Erklärung in der Rückwirkung der Bedingung. Ich unterlasse mit Rücksicht auf die angezogene Brochüre auf dieses Alles näher einzugehen. Meine Ausführungen paßten nicht in den Rahmen der bisherigen Systematik, und ich muß mich deshalb bescheiden, wenn sie wenig Beachtung gefunden haben.

B. Strafrecht.

Kritik der Reichsgerichtsentscheidungen über die Strafbarkeit des Versuchs mit absolut untauglichen Mitteln und am absolut untauglichen Objekte.

Ganz anders wie bei dem Civilrechte hat das Strafrecht den logischen Untersuchungen eine von dem historischen Rechte unabhängige Selbständigkeit bewahrt. Es erscheint mir jedoch auch hier fraglich, ob überall die richtige Grenze innegehalten und nicht umgekehrt wie bei dem Civilrecht das Strafrecht die nahe liegende Gefahr nicht vermieden hat, den logischen Untersuchungen einen zu weiten Spielraum einzuräumen. Als ein Fall solcher Grenzüberschreitung ließe sich wohl mit Fug die berühmte Kontroverse des Strafrechts, die Strafbarkeit des Versuchs mit absolut untauglichen Mitteln und am untauglichen Objekte heranziehen. Nach Deutschem Strafgesetzbuch § 43 hat derjenige ein Verbrechen oder Vergehen zu verüben versucht, welcher, ohne daß das beabsichtigte Verbrechen oder Vergehen zur Vollendung gekommen ist, den Entschluß der Verübung durch Handlungen, welche einen Anfang der Ausführung des Verbrechens oder Vergehens enthalten, bethätigt hat. Nach den Motiven zum Deutschen Strafgesetzbuche kann es keinem Zweifel unterliegen, daß durch die über den Versuch gegebene Begriffsbestimmung die Streitfrage wenigstens nicht direkt entschieden werden sollte, vielmehr die Lösung der Wissenschaft vorbehalten worden ist. Hier nun scheint mir der Rechtsphilosophie eine Entscheidung zugemuthet zu sein, für welche sie nicht kompetent ist. An die Rechtsphilosophie ist dadurch das Verlangen gestellt, aus sogenanten inneren Gründen die Strafbarkeit des Versuchs mit untauglichen Mitteln und am untauglichen Objekte für ausgeschlossen zu erachten oder umgekehrt die Strafbarkeit deshalb für nothwendig geboten zu halten, weil kein begrifflicher Unterschied zwischen der Tauglichkeit und Untauglichkeit der Mittel und des Objekts bei dem Versuche besteht. Die Rechtsphilosophie hat sich der ihr so gestellten Aufgabe freilich nach beiden Richtungen hin unterzogen und demgemäß die Streitfrage im entgegengesetzten Sinne gelöst. Ich möchte jedoch der Ansicht sein, daß eine innere Nothwendigkeit, die Frage in dem einen oder anderen Sinne zu entscheiden, überhaupt nicht vorliegt, vielmehr für die Strafbarkeit oder Straflosigkeit nur die Willkür positiver Gesetzgebung maßgebend sein kann. Hieraus würde folgen, daß der Wissenschaft unbeschadet ihres Einflusses auf die Gesetzgebung die Entscheidung der Streitfrage nicht vorbehalten werden dürfte, bei dem Vorbehalte aber gegenüber den Absichten des Gesetzgebers eine Gesetzeslücke besteht, welche der Strafrichter rückhaltlos anerkennen und deren Konsequenzen er tragen muß. Zur Rechtfertigung meiner Ansicht will ich den Nachweis versuchen, daß die Gründe, welche aus innerer Nothwendigkeit in der hier fraglichen Streitfrage Strafbarkeit oder Straflosigkeit konstatiren, beiderseits irrthümlich sein müssen. —

§ 1.

Das Epoche machende Urtheil der vereinigten Straffenate des Reichsgerichts, welches unter Berücksichtigung der einschlägigen Literatur die Strafbarkeit konstatirt, lautet wörtlich, wie es im ersten Bande der Entscheidungen abgedruckt ist, wie folgt:

Das angefochtene Urtheil des Landgerichts hat festgestellt, daß die Angeklagte I den Entschluß, das Verbrechen der Abtreibung zu verüben, durch Handlungen, welche einen Anfang der Ausführung dieses Verbrechens enthalten, bethätigt hat, indem sie während ihrer Schwangerschaft zu dem Zwecke, ihre Leibesfrucht abzutreiben, mehrmals eine ihr von dem Mitangeklagten II zugestellte bittere, dunkelfarbige Flüssigkeit, welche sie zur Herbeiführung des beabsichtigten Erfolges für geeignet hielt, zu sich nahm, und daß der Angeklagte II die Angeklagte I zur Begehung des Verbrechens der Abtreibung dadurch vorsätzlich bestimmt hat, daß er ihr, während sie, wie er wußte, schwanger war, mehrmals eine Flüssigkeit, welche er zur Abtreibung der Leibesfrucht für geeignet hielt, zustellte und sie überredete, dieselbe zur Erreichung dieses Zweckes einzunehmen, und hat auf Grund dieser Thatsachen und weil das angewendete Mittel die beabsichtigte Wirkung nicht gehabt, also das beabsichtigte

Verbrechen nicht zur Vollendung gekommen, die Verurtheilung der Angeklagten I wegen Versuchs der Abtreibung der Leibesfrucht im Sinne der §§ 218 und 43 St.G.B.'s, die des Angeklagten II wegen Anstiftung zu diesem Verbrechen im Sinne des § 48 St.G.B.'s erkannt.

Beide Angeklagten fechten diese Verurtheilung wegen Verletzung der Vorschriften des Strafgesetzbuches über den Versuch an; sie gründen die gegen das Urtheil eingelegte Revision auf den in demselben enthaltenen Ausspruch, daß nicht erwiesen sei, ob das angeordnete Mittel, welches die beabsichtigte Wirkung nicht gehabt, überhaupt den beabsichtigten Zweck zu erfüllen geeignet gewesen, und finden in der gleichwohl erfolgten Anwendung des Gesetzes einen Verstoß gegen die Rechtsnorm, daß der Versuch mit absolut untauglichen Mitteln straflos sei.

Da die als unrichtiger Weise nicht angewendet bezeichnete Rechtsnorm direkt im Strafgesetzbuche nicht aufgestellt ist, und die Straflosigkeit des Versuchs, wenn dieser ohne Rechtsirrthum festgestellt worden, auf den angegebenen Grund hin aus § 46 St.G.B.'s nicht herzuleiten ist, so kann die Frage nur die sein, ob aus dem Begriffe des (strafbaren) Versuches, wie ihn § 43 St.G.B.'s giebt, der gedachte Rechtssatz als bestehend zu entnehmen ist.

Die Beantwortung dieser Frage hängt zunächst von der Auslegung der Worte des Gesetzes ab, daß zur Strafbarkeit des Versuches eine Bethätigung des Entschlusses, das Verbrechen zu begehen, durch Handlungen gehöre, welche einen Anfang der Ausführung dieses Verbrechens enthalten. Die letztangeführten Worte sind einer doppelten Auslegung fähig und haben auch eine solche verschiedene Auslegung gefunden. Man hat sie theils von solchen Handlungen verstanden, welche im Stande *sind*, den zur Vollendung des Verbrechens gehörenden Erfolg herbeizuführen (Anfang der Vollendung des Verbrechens), andererseits von solchen, welche der Thäter für geeignet *hält*, diese Wirkung zu äußern (Anfang der Ausführung des Thäters). Für die Entscheidung, ob das Strafgesetzbuch mit den beregten Worten die eine oder die andere dieser Auffassungen habe zum Ausdruck bringen wollen, ist es von erheblichem Werthe, die Entstehung dieser Wortfassung in's Auge zu nehmen. Dieselbe ist nicht neu. Aus der französischen Gesetzgebung herstammend, hat sie in gleicher oder doch sehr ähnlicher Weise Eingang in fast allen strafrechtlichen Kodifikationen im laufenden Jahrhundert, vornehmlich auch in denen Deutschlands, gefunden. Auch da hat sie den gleichen Zwiespalt der Meinungen zur Folge gehabt. Es ist derselbe Gegensatz, welcher, wie dem Gesetzesausdruck gegenüber, so auch in der theoretischen Begründung der Strafbarkeit des Versuchs aus rechtsphilosophischen und kriminalpolitischen Gründen seit dem Beginn einer wissenschaftlichen Konstruktion der Grundbegriffe des Strafrechts aufgetreten ist. Als das Strafgesetzbuch für den norddeutschen Bund entstand, war der Rechtsgedanke von der Strafbarkeit des in die äußere Erscheinung getretenen verbrecherischen Entschlusses ohne Rücksicht auf die Möglichkeit seiner objektiven Verwirklichung in verschiedenen Rechtsgebieten Deutschlands geltendes Recht; er fand sich mehrfach in der bisherigen Gesetzgebung vertreten (vergleiche die Strafgesetzbücher für Oldenburg 1814, Hannover 1840, Sachsen-Altenburg 1841) und hatte auch trotz der dem § 43 desselben entsprechenden Definition des Versuches in einer Reihe von Strafgesetzbüchern Ausdruck gefunden (vergleiche die von Braunschweig 1840, Hessen-Darmstadt 1841, Nassau 1849, Thüringen 1850, Königreich Sachsen 1855, gleichwie Baden 1845). Schon dieser Sachlage gegenüber läßt es sich nicht annehmen, daß das jene Gesetzgebungen ersetzende neue Gesetzbuch mit der in Rede stehenden Fassung diese Streitfrage habe zum Austrag bringen mögen. Kommt nun aber hinzu, daß die Motive zum Gesetzbuch ausdrücklich aussprechen, daß es nicht in der Absicht liege, die in mehreren Strafgesetzbüchern unternommene Regelung der Streitfrage, ob oder inwieweit der Versuch mit untauglichen Mitteln oder am untauglichen Objekte strafbar sei, auch hier vorzunehmen, dann muß man nach dem Wortlaut des Gesetzes beide Auslegungen für gleichberechtigt halten und kann aus der Ausdrucksweise des Gesetzes eine Entscheidung auch nicht indirekt herleiten, sondern muß dieser Fassung des Paragraphen die Bedeutung für den Begriff der Ausführungshandlung vorbehalten. —

Jene Entscheidung wird vielmehr gegenüber dieser Stellung des Gesetzgebers zu der Frage über die Grenzen der Strafbarkeit des Versuches lediglich aus den inneren Gründen für diese Strafbarkeit überhaupt entnommen werden können und müssen, und die Revision kann nur dann Erfolg haben, wenn die Unrichtigkeit des landgerichtlichen Urtheils aus den dem § 43 St.G.B.'s zu Grunde zu legenden strafrechtlichen Prinzipien, wie sie die Wissenschaft festgestellt hat, sich ergiebt. Darüber nun kann kein Zweifel aufkommen, daß im Versuche der verbrecherische Wille diejenige Erscheinung ist, gegen welche das Strafgesetz sich richtet, im Gegensatz zu dem in der Vollendung zu Tage tretenden aus dem verbrecherischen Willen hervorgegangenen rechtswidrigen Erfolge. An und für sich würde jede Beziehung auf die Vollendung als den Gegensatz des Versuches außer Rücksicht zu bleiben haben und mehr nicht zu verlangen sein, als daß der verbrecherische Gedanke sich in äußeren Handlungen kund gegeben habe. Allein, weil es manche Handlungen giebt, die aus verbrecherischem Entschluß hervorgegangen, doch an sich so wenig als der Gedanke des Verbrechens objektiv eine Gefahr für die öffentliche Rechtsordnung in sich tragen und weil ohne solche Gefährdung ein Strafrecht nicht gegeben, so verlangt eine viel verbreitete Lehre, daß die Handlungen, wenn sie als Versuch strafbar sein sollen, in einem Kausalverhältniß zur Vollendung, in welcher diese für jede Strafe nothwendige Gefährdung oder Verletzung des Rechts enthalten ist, stehen müssen. Nur solche Handlungen sollen strafbar sein, die, wenn die Vollendung nicht durch selbständige, vom Willen des Thäters unabhängige Umstände gehindert worden wäre, die Vollendung würden zur Folge gehabt haben. Die Wissenschaft hat das Unhaltbare dieser Theorie überzeugend nachgewiesen. *Der Kausalzusammenhang zwischen einer Handlung und dem durch dieselbe beabsichtigten Erfolge ist niemals durch das Dasein oder Fehlen eines einzelnen Zwischenereignisses unbedingt gegeben oder aufgehoben*, sondern jedes auf den endlichen Ausgang Einfluß äußernde Ereigniß oder Verhältniß giebt stets als einzelner Kausalitätsfaktor nur eine größere oder geringere Möglichkeit oder Wahrscheinlichkeit des letzteren, niemals die Gewißheit seines Eintritts oder Nichteintritts. Die Freigebung der jede Möglichkeit einer Vollendung ausschließenden Handlungen von der Strafbarkeit als Versuch würde nicht die Beschränkung des strafbaren Versuches nur auf die eine theilweise Vollendung enthaltenden, **weil es solche nicht giebt**, sondern die Straflosigkeit jedes Versuchs zum Resultate haben. *Denn kausal für den Erfolg ist eine Handlung nie, wenn ein Erfolg nicht eingetreten, der Nichteintritt zeigt eben, daß sie nicht kausal war. Aber es darf auch weiter gesagt werden, daß es im Allgemeinen derartige Handlungen, die unter allen Umständen ungeeignet* seien, den beabsichtigten Erfolg hervorzurufen, in Wirklichkeit gar nicht giebt, im Einzelfalle dagegen jede Handlung, die nicht zum Erfolge geführt hat, als eine zu dessen Hervorbringung absolut ungeeignete sich erwiesen hat. Auf den Unterschied zwischen Handlungen mit absolut untauglichen und mit nur relativ untauglichen Mitteln kann die Strafbarkeit oder Straflosigkeit des Versuches nicht gegründet werden, und will man nicht letztere bei allen Handlungen mit untauglichen Mitteln statuiren, so läßt sich kein Grund dafür geltend machen, dieselbe bei den ersteren eintreten zu lassen. Auch bei ihrer Anwendung hat der Thäter das gethan, was er als zur Verwirklichung seines verbrecherischen Entschlusses geeignet angesehen hat, und damit seine Auflehnung gegen die Rechtsordnung bethätigt. Sein Irrthum über die Tauglichkeit seiner Handlung kann auf deren Strafbarkeit keinen Einfluß haben.

Daß das beabsichtigte Verbrechen bei dem Versuche stehen blieb, hat jedesmal in einem Irrthum des Thäters seinen Grund, weil er die das Ausbleiben des Erfolges bewirkenden Umstände bei seinem Plane zur Verwirklichung des gefaßten Entschlusses nicht richtig in Anschlag gebracht hat. Gleichgiltig muß es aber bleiben, in Beziehung auf welche thatsächlichen Voraussetzungen, die nöthig waren, um das Verbrechen zu Stande zu bringen, er geirrt hat, ob das der Vollendung entgegengetretene Hinderniß im Verlaufe der Handlung eingetreten oder bereits bei deren Beginn vorhanden war, ob die vom Thäter nicht in Rechnung gezogenen Kausalitätsfaktoren außer ihm liegende Verhältnisse oder Thätigkeiten sind, oder ob er über die Wirksamkeit seiner eigenen Handlungen geirrt, ob er über die Wirksamkeit eines gebrauchten Mittels seiner Art oder Menge nach oder seiner Anwendung nach, ob über das als Mittel gebrauchte Objekt selbst oder über die ihm beigemessenen oder übersehenen Qualitäten.

Es ist mithin nicht irrig, wenn das Landgericht zur Strafbarkeit des Versuches mehr nicht erfordert hat, als daß die Handlung von dem Thäter in der Vorstellung unternommen worden, sie werde zur Herbeiführung des beabsichtigten Erfolges führen.

§ 2.

Durch die vorstehend abgedruckte Entscheidung ist scheinbar aus inneren logischen Gründen der Unterschied zwischen relativ und absolut untauglichen Mitteln, zwischen relativ und absolut untauglichem Objekte definitiv beseitigt, und dennoch verbergen die Gründe in ihren wesentlichsten Sätzen unter glänzender Diktion eine Reihe sehr scharfsinniger, zum Theil auch sehr berühmter Trugschlüsse. Schon rein äußerlich, unter Voraussetzung der Richtigkeit ihrer Schlüsse betrachtet, hat die Entscheidung, ganz wörtlich gefaßt, es anscheinend nicht vollständig vermieden, mit sich selbst in einen gewissen Widerspruch zu treten. Um eine Grundlage für die Entwicklung ihrer Argumentationen zu gewinnen, stellt sich die Entscheidung zunächst auf den Boden, daß die Worte „Anfang der Ausführung" einer doppelten Auslegung fähig seien, und zwar könnten einerseits solche Handlungen darunter verstanden werden, welche im Stande sind, den zur Vollendung des Verbrechens gehörigen Erfolg herbeizuführen (Anfang der Vollendung des Verbrechens), andererseits solche, welche der Thäter für geeignet hält, diese Wirkung zu äußern (Anfang der Ausführung des Thäters). Das Reichsgericht, um es mit anderen Worten zu sagen, konstatirt also hier, daß die Worte „Anfang der Ausführung" nicht blos eine objektive, auf die Vollendung der That hinweisende, sondern auch eine subjektive, auf die Vorstellung des Thäters bezügliche Bedeutung haben können. Während nun aber bei unbefangener Würdigung der in Rede stehenden Worte, wie ich im Laufe der Abhandlung näher auszuführen suchen werde, nur die objektive Bedeutung einleuchtet und diese objektive Bedeutung die Entscheidung des Reichsgerichts zunächst wenigstens für zulässig erachtet, so entzieht sie sich im weiteren Verlaufe ihrer Beweisführung theilweis den Boden, von dem sie ausgegangen ist, indem ihre ganze Argumentation auf den Nachweis abzielt und wegen des zu gewinnenden Resultates auch abzielen muß, daß die beregten Worte einer doppelten Auslegung eigentlich nicht fähig sind, da ihnen richtig gedacht nur eine subjektive, aber keine objektive Bedeutung beigemessen werden darf. Mit ganz direkten Worten ist dies freilich im Urtheile nicht ausgedrückt, allein es steht doch immerhin in demselben der Passus, daß es eine theilweise Vollendung nicht giebt, und damit wird doch unzweifelhaft die Möglichkeit einer objektiv theilweis ausgeführten Handlung geleugnet. Hiermit steht es auch im Einklang, daß in dem Urtheile jede Handlung, welche nicht zu dem beabsichtigten Erfolge führt, für absolut untauglich zur Erreichung des Erfolges erachtet wird und somit unmöglich bei einem nicht eingetretenen Erfolge von einem Anfange der Ausführung der That im objektiven Sinne gesprochen werden kann, daher also auch beim Versuche die Worte „Anfang der Ausführung“ einer Auslegung mit objektiver Bedeutung bei strenger Konsequenz des reichsgerichtlichen Urtels nicht fähig sein dürften, solche Auslegung vielmehr eine Denkwidrigkeit in sich schließen würde. —

Indem ich nun aber, wie bereits erwähnt, zu zeigen versuchen werde, daß das Urtheil auf Fangschlüssen beruht, ist vorweg zu bemerken, daß ich mich, wenngleich ich mir der Tragweite des Unternehmens voll bewußt bin, aller gelehrten und weitschweifigen Ausführungen zu enthalten möglichst befleißigen will, zumal die abstrakte Materie selbst bei ausgedehnterer Bearbeitung nicht im Lessing'schen Sinne kürzer werden und weniger Zeit des Lesers in Anspruch nehmen würde. — Eine Erkenntnißlehre wäre hier gewiß nicht am Platze, um so weniger, als eine solche Lehre nicht das Denken schafft, sondern auch nur systematisch schildert. Trugschlüsse kennzeichnen sich überdies bei verallgemeinerter Anwendung sehr leicht durch die Vernunftwidrigkeit der Konsequenzen und sind in der Wissenschaft nur da möglich, wo sie zufälliger Weise im Einzelfalle zu einem obwohl irrigen, so doch keineswegs vernunftwidrigen Resultate führen, wie dies auch bei der vorliegenden Entscheidung der Fall ist. Als maßgebend für die Gleichsetzung der erfolglosen Handlungen ohne Rücksicht auf Tauglichkeit oder absolute Untauglichkeit von Mitteln und Objekten sind aus dem Wortlaut der Gründe der Entscheidung in knappster Form folgende, sich auch in der einschlägigen Literatur vorfindenden Schlüsse zu gruppiren:

I.

Absolut für den beabsichtigten Erfolg ungeeignete Handlungen giebt es in Wirklichkeit nicht. Handlung und Erfolg sind nach ihrem Kausalzusammenhange immer möglich, niemals gewiß;

II.

Dagegen kann kausal für den Erfolg nur eine Handlung mit Erfolg sein und hat sich für den Einzelfall die Handlung als absolut ungeeigneter Kausalitätsfaktor erwiesen, wenn der Erfolg nicht eingetreten ist;

III.

Eine theilweise Vollendung giebt es nicht.

§ 3.

Von den obigen drei Thesen würde, ihre Richtigkeit vorausgesetzt, jede einzelne ausreichen, um als unausbleibliche Konsequenz die Unerheblichkeit der Unterscheidung zwischen tauglichen und absolut untauglichen Mitteln und Objekten unwiderleglich nachzuweisen. Allen dreien ist gemeinsam, daß sie nicht nur jenen Unterschied nivelliren, sondern für unser ganzes Denken verhängnißvoll werden müßten, da sie demselben unentbehrliche Vorstellungen entreißen.

§ 3a.

I. Gruppe.

Die erste Gruppe ist mit einer gewissen Zurückhaltung ausgedrückt. Wenn es jedoch im Erkenntnisse heißt: „aber es darf auch weiter gesagt werden, daß es im allgemeinen derartige Handlungen, die unter allen Umständen ungeeignet seien, den beabsichtigten Erfolg hervorzurufen, in Wirklichkeit gar nicht giebt," so bedeuten doch diese Worte, daß in abstracto nichts unmöglich sei oder umgekehrt, daß Alles möglich ist. Wenn aber in der That für jede Handlung jeder beabsichtigte Erfolg möglich wäre, so würde ich auch mit einem ungeladenen Gewehr Jemanden tod schießen können, es würde ferner die Vorstellung der Nothwendigkeit eines Geschehens oder Nichtgeschehens, da diese Vorstellung den Begriff einer ihr entgegenstehenden Möglichkeit ausschließt, ebenso wie der Begriff der Unmöglichkeit fallen müssen und mit der Unzulässigkeit der Unmöglichkeit, da diese doch eine zulässige Negation des Möglichen ist, auch der Begriff des Möglichen schwinden. Man sieht, jener Satz ist unhaltbar und zerstört sich selbst durch seinen innern Widerspruch. Freilich steht im Erkenntnisse, daß nur „im allgemeinen" für jedwede Handlung jedweder Erfolg möglich sei. Diese Worte dürfen jedoch an sich und im Zusammenhange mit der Satzung der zweiten Gruppe „dagegen kann kausal für den Erfolg nur eine Handlung mit Erfolg sein" nichts anders bedeuten, als daß zwar Alles möglich sei, dies aber nur von der Möglichkeit in abstracto gilt, während in concreto sich nur das Wirkliche als möglich erwiesen hat. — Jene Worte anders und als eine noch weiter gehende Einschränkung der aufgestellten These aufzufassen, so daß diese für den Einzelfall niemals zu passen brauchte, wäre um so verfehlter, als dann die These überhaupt alle Bedeutung verlieren und der

Schluß gerechtfertigt sein würde, daß das Reichsgericht selbst derselben kein Gewicht beimessen wollte. — Es stimmt ferner aber auch mit dieser These überein und enthält einen zweifellos uneingeschränkt ausgesprochenen unrichtigen Schluß, wenn es an anderer Stelle des Urtheils heißt: „Der Kausalzusammenhang zwischen einer Handlung und dem durch dieselbe beabsichtigten Erfolge ist niemals durch das Dasein oder Fehlen eines einzelnen Zwischenereignisses unbedingt gegeben oder aufgehoben." Dieser Satz spricht dem einzelnen Zwischenereignisse jede Bedeutung ab und läßt deshalb für jedwede Handlung jedweden Erfolg zu. Wenn nämlich zwischen wesentlichen und unwesentlichen Zwischenereignissen nicht unterschieden wird und wenn das einzelne Zwischenereigniß stets ohne Entscheidung für den Erfolg bleiben soll, so hätten die Zwischenereignisse überhaupt keine Bedeutung für den Erfolg, während es doch gerade umgekehrt richtig ist, daß bei der großen Summe der Kausalitätsfaktoren schließlich nur das e i n z e l n e (wesentliche) Zwischenereigniß den Erfolg nothwendig oder unmöglich macht.

Es ist wohl nicht zuviel gesagt, daß durch die oben aufgeführte erste Gruppe allein schon die Begriffe, mit welchen das Urtheil hauptsächlich zur Beweisführung operiren will, zerstört werden und im Grunde genommen der Möglichkeit und Unmöglichkeit ebenso die Existenz abgesprochen wird, wie in Gruppe III der theilweisen Vollendung. Die in der ersten Gruppe aufgestellten Thesen erscheinen jedoch keineswegs als eine willkürliche Beigabe, sondern enthalten eine aus den dem Urtheile zu Grunde liegenden Prämissen sich mit Nothwendigkeit ergebende Konsequenz, welche in anerkennenswerther Folgerichtigkeit das Urtheil selbst gezogen hat. Wenn mit jedwedem Mittel jedweder Erfolg erreichbar sein soll, dann muß auch konsequenter Weise für jedwede Handlung jedweder Erfolg möglich sein. Niemals wären jedoch jene Thesen aufgestellt worden, wenn nicht der Angriff auf die Kausalitätsprinzipien des unbefangenen Menschenverstandes auf andere und viel blendendere Gründe, als die angeführten, gestützt werden könnte. Diese Gründe liegen in der zweiten Gruppe.

§ 3b.

II. Gruppe.

Wenn es in der zweiten Gruppe heißt: „dagegen kann kausal für den Erfolg nur eine Handlung mit Erfolg sein und hat sich für den Einzelfall die Handlung als absolut ungeeigneter Kausalitätsfaktor erwiesen, wenn der Erfolg nicht eingetreten ist", — so sind diese Sätze anscheinend unwiderleglich. Es erscheint einleuchtend, daß immer, wenn der Versuch nicht zur Vollendung führt, derselbe so angefangen sein muß, daß er nicht zur Vollendung führen kann. Wer z. B. ein geladenes Gewehr auf einen Andern abschießt, um ihn zu tödten, ihn aber nicht trifft, hat den Versuch so unternommen, daß er die That nicht vollenden konnte. Wir befinden uns hier dem berühmten Trugschlusse des Diodor gegenüber. Diodor sagt: — „nur das Wirkliche ist möglich" — und beweist es mit gleichem Scharfsinne wie das Reichsgericht. Er argumentirt: Alles was geschehen ist, konnte bei den wirkenden Kausalitätsfaktoren unmöglich anders geschehen, als es geschehen ist. Eine Unmöglichkeit kann aber niemals möglich gewesen sein, folglich kann ein anderes Geschehen als das wirkliche niemals möglich gewesen sein, da sonst das Unmögliche möglich gewesen wäre. Diese Sätze gehen nur in sofern über die Thesen des citirten Urtheils hinaus, als sie sich nicht auf die Kausalität der menschlichen Handlungen beschränken, sondern alle wahrnehmbaren Vorgänge im Auge haben. Diodor sagt mit andern Worten, aber in demselben Sinne wie das Reichsgericht: Kausalität ist nur in soweit denkbar, als sie Wirkung übt, eine Kausalität ohne Wirkung hat eben gezeigt, daß sie keine Kausalität war, sie hat also auch niemals Kausalität sein können, deshalb ist auch von jeher nur das Wirkliche möglich gewesen. Aus den scharfsinnigen und blendenden Sätzen der zweiten Gruppe des Urtheils folgt mit unwiderleglicher Konsequenz, daß nur das Wirkliche möglich ist, sie zerstören also gleich der ersten Gruppe den Begriff der Möglichkeit, jedoch in umgekehrter Weise, indem dort Nichts für nothwendig, sondern Alles für möglich erklärt und dadurch die Kausalität überhaupt aufgehoben wurde, hier aber nur das Nothwendige für möglich erachtet und alle Kausalität auf den Begriff der Nothwendigkeit beschränkt wird. In den Sätzen dieser zweiten Gruppe liegt die scheinbare Rechtfertigung für die im modernen Rechtsleben als eine neue Errungenschaft mit praktischem Resultate entwickelte und dem unbefangenen Menschenverstand widersprechende Kausalitätsanschauung, sie enthalten den Kern der ganzen Entscheidung, und so schwer sie dialektisch zu widerlegen sein mögen, an ihrer Unrichtigkeit darf Niemand zweifeln, der nicht die unhaltbare Konsequenz auf sich nehmen will, daß nur das Wirkliche möglich ist.

Was zunächst am meisten auffallen muß, ist der von dem Reichsgericht selbst unentdeckte Widerspruch zwischen den Thesen der ersten und zweiten Gruppe. Wenn nämlich die zweite Gruppe richtig ist und bei einem thatsächlichen Vorgange nur das kausal für denselben gewesen sein kann, was den Erfolg für sich hat, so ist, wenn der Erfolg noch aussteht, nicht Alles möglich, wie die erste Gruppe besagt, sondern auch bei noch ausstehendem Erfolge ist nur das möglich, was sich durch die Wirklichkeit bethätigen wird, wie Diodor konsequent anerkennt. Abgesehen von diesem Widerspruche besteht aber auch in dialektischer Beziehung ein sehr bemerkenswerther Unterschied zwischen der ersten und zweiten Gruppe, indem jene, wie ich zu zeigen versuchte, ganz unhaltbar, diese aber, wenigstens allem Anscheine nach, ganz unwiderleglich ist. Der Fehler bei der zweiten Gruppe liegt deshalb auch eigentlich nicht in der Dialektik, sondern in den Prämissen, auf welche sich diese stützt, in dem Verkennen des Wesens der Kausalität der Möglichkeit, mit welcher als etwas Thatsächlichem operirt ist, obgleich sie nichts Thatsächliches ist.

Die Kausalität beruht gleich einer Anzahl anderer, dem Denken unentbehrlicher Vorstellungen auf einer dem menschlichen Geiste innewohnenden Betrachtungsweise, für welche nur die anregenden Faktoren, mit denen die Betrachtungsweise verbunden wird, in der Außenwelt vorzufinden sind, während die Betrachtungsweise selbst keine Wahrnehmung, kein Spiegelbild des Seienden ist, sondern ebensowenig ein für unsere Sinne Seiendes zum Gegenstande hat, als die Vorstellung der Zeit. — Der unbefangenen Denkweise kostet es gewiß eine große Ueberwindung, wie in der Zeit eine von unserem Geiste mitgebrachte und objektiv nicht nachweisbare Form der Vorstellung, so in der Kausalität eine unserem Geiste innewohnende und objektiv nicht nachweisbare Form des Denkens zu erblicken. Es erscheint freilich auf den ersten Blick einleuchtend, daß die Kausalität nicht immer, also nicht prinzipiell etwas Thatsächliches sein kann, da doch die Kausalität der Unmöglichkeit als Gegensatz zu dem, was thatsächlich geschieht, niemals thatsächlich in die Erscheinung treten kann. Im Uebrigen aber wird man sich zu dem Opfer der objektiven Nachweisbarkeit der Kausalität um so schwerer entschließen mögen, als sich das Urtheil der Kausalität auf das Nacheinandersein der Erscheinungen gründet und man dieses Nacheinandersein sinnlich wahrnehmen zu können vermeint. Dieses Vermögen der sinnlichen Wahrnehmung beruht jedoch auf Täuschung. Alles Erscheinende kann nur in der Zeit vorgestellt werden, das Zugleichsein und das Nacheinandersein ist ebenfalls nur eine Vorstellung der Erscheinungen in der Zeit, wie aber die Zeit selbst nur eine Form des Vorstellens ist, welche selbst niemals zur sinnlichen Anschauung erhoben werden kann, so ist auch die Vorstellung der Erscheinungen in der Zeit kein Gegenstand der sinnlichen Anschauung. Das Zugleichsein und Nacheinandersein ist somit auch nur Form des Vorstellens, um mit Kant zu reden, das Schema, unter welchem wir uns die Erscheinungen vorstellen.

Der vorstehende Exkurs war unentbehrlich, um mich vor Mißverständnissen zu schützen. Zur Klarlegung der unterschiedlichen Bedeutung der Kausalitätsformen der Möglichkeit, der Nothwendigkeit und der Unmöglichkeit ist es vor Allem erforderlich, zwischen objektiver und subjektiver Kausalität zu unterscheiden. Wenn ich dies thue, so will ich nicht den Anschein auf mich laden, als ob ich verkenne, daß in gewissem Sinne jede Kausalität als eine nicht von der Außenwelt abstrahirte, sondern von unserer Seele mitgebrachte Denkform eine subjektive ist. Ich will mich nicht in Widerspruch zu dem vorstehenden Exkurse setzen, aber ich will darthun, daß die Kausalität der Nothwendigkeit, obwohl sie nicht nachweisbar thatsächlich existirt, nach unserer Ueberzeugung objektiv, das heißt thatsächlich und wirklich vorhanden ist, während umgekehrt die Kausalität der Möglichkeit, obwohl auch sie des Nachweises der Richtigkeit nicht zu entbehren braucht, doch nur eine Spekulation ist, welche sich niemals bewahrheiten, niemals wirklich existiren kann.

Ebenso wie das Nacheinandersein und das Zugleichsein ohne sinnlich wahrnehmbare und nachweisbare Wirklichkeit doch immerhin nach der Ueberzeugung des Menschen wirklich existirt, so rechnen wir auch mit wirklichen Kausalitätsfaktoren und beruht nach unserer Ueberzeugung, wenn sie auch die Freiheit des Willens festhält, jedes Geschehen in der Außenwelt auf nothwendiger und wirklicher Kausalität. Jeder Vorgang in der Außenwelt muß sich nach dieser Ueberzeugung unter den wirkenden Kausalitätsfaktoren so vollziehen, wie er sich vollzieht. Deshalb ist auch der Schluß unabweisbar richtig, daß in Wirklichkeit für den Erfolg nur das kausal sein kann, was den Erfolg herbeiführt und herbeiführen mußte, indem eine wirkliche Kausalität ohne Erfolg nicht denkbar ist. Das Wirkliche ist also nach unserer Ueberzeugung nothwendig und das Nothwendige ist wirklich, also thatsächlich oder objektiv.

Ganz anders aber ist es mit der Kausalität des Möglichen. Sie kann niemals einen thatsächlichen Charakter gewinnen, sich niemals verwirklichen und zwar schon deshalb nicht, weil dadurch gegenüber der Nothwendigkeit des Wirklichen ihre Vorstellung zerstört werden würde und sie, wie die Konsequenz des Diodor zutreffend zeigt, in die Vorstellung des Nothwendigen übergehen müßte. Die Kausalität der Möglichkeit soll und darf nichts weiter sein, als ein nur formales Denken, welches von den materiellen Bedingungen der wirklichen Kausalität nicht abhängt. Die Kausalität der Möglichkeit ist also eine rein subjektive Betrachtungsweise, eine imaginäre Größe, welche thatsächlich nicht existiren kann; was sich bei dem als möglich gedachten bewahrheitet ist die Richtigkeit der Rechnung mit dieser imaginären Größe, nicht aber die Verwirklichung der Größe.

Die Kausalität der Möglichkeit beruht im Allgemeinen wie im Einzelfall nicht auf einem hypothetischen, sondern auf einem unbestimmten und spekulativen Urtheile, bei welchem nur imaginäre Kausalitätsfaktoren in Betracht gezogen und materielle Kausalitätsfaktoren außer Acht gelassen werden sollen. Die Möglichkeit kann zwar für den gesunden Menschenverstand ideell als unwiderleglich richtig erwiesen werden, aber sie kann sich thatsächlich nicht bewahrheiten, denn was geschieht ist nothwendig. Wenn ich den allgemeinen Satz aufstelle: Mit einem Strohhalme kann ein Mensch einen Menschen tödten und es tritt in Wirklichkeit der Fall ein, daß ein Mensch einen Menschen mit einem Strohhalm tödtet, so hat sich in dem wirklichen Einzelfalle die Tödtung nicht als thatsächlich möglich, sondern als thatsächlich nothwendig erwiesen. Die Thatsache selbst würde für sich allein jenes unbestimmte Urtheil der Möglichkeit keineswegs beweisen, denn aus der Thatsache geht nicht hervor, daß nicht der Mensch den Menschen mit einem Strohhalme tödten muß. Die Thatsache für sich allein widerlegt das unbestimmte Urtheil ebenso, als es dasselbe bestätigt. Erst durch die Betrachtung, daß für die Thatsache eine große Zahl von Kausalitätsfaktoren mitwirken mußte, welche das unbestimmte und spekulative Urtheil, da es nichts Thatsächliches ausspricht, außer Acht läßt, und daß die reellen Thatsachen, an welche das Urtheil anknüpft, nicht als wirkliche, sondern als imaginäre Kausalitätsfaktoren in Rechnung gezogen wurden, erweist sich jenes Urtheil als unwiderleglich richtig. Die Thatsache als solche kann aber ihre Möglichkeit weder beweisen noch widerlegen.

Es ist von größtem Belang für die Erkenntniß unseres Denkens, daran festzuhalten, daß die Kausalität der Möglichkeit sich thatsächlich niemals bewahrheiten und thatsächlich niemals widerlegt werden kann.

Von dem Sein wissen wir nur etwas durch das Denken und daher mag es kommen, daß der Dialektiker häufig zwischen Sein und Denken nicht genügend unterscheidet und auch solches Denken, welches im Sein nicht vorhanden sein kann, als etwas Thatsächliches behandelt. So spricht man von dem wirklichen Werthe einer Sache, während doch der Werth immer nur etwas Imaginäres ist. Häufig wird auch gesagt, daß Alles, was geschieht, doch vorher möglich gewesen sein muß, weil es sonst nicht hätte geschehen können, durch sein Geschehen also thatsächlich beweist, daß es möglich war. Ein solcher Satz soll nur triviale Wahrheiten ausdrücken und wird von der unbefangenen Denkweise auch nicht zu Trugschlüssen verwerthet werden, er taugt aber nicht zum Fundament einer verwickelten Deduktion, denn er ist genau genommen irrthümlich und deshalb wissenschaftlich verwerflich. Aus der Auffassung des Möglichen als etwas Objektiven entwickelt jener Satz zunächst den bei den falschen Prämissen folgerichtigen, aber in Wahrheit irrthümlichen Schluß, daß Alles was geschieht auch vorher möglich gewesen sein muß. Wenn die Möglichkeit etwas Objektives wäre, so würden auch die Elemente derselben, bevor sie in die Erscheinung tritt, objektiv vorhanden sein müssen, und es würde nur geschehen können, was schon vorher möglich war. Da jedoch die Möglichkeit ein nur formales auf die jeweilige Erfahrung gegründetes Denken ist, so kann sehr wohl etwas geschehen, was vorher nicht möglich war. Beispielsweise will ich nur an die neueren Entdeckungen der Kraft des Dampfes und der Elektrizität erinnern, welche den Spekulationen der Möglichkeit ganz neue Gebiete erschlossen haben. — Ferner hat aber auch die Kausalität der Möglichkeit mit dem wirklichen Erfolge nichts zu schaffen. Das Ungewisse hat für den menschlichen Geist durch dessen Veranlagung eine dauernde Berechtigung und soll bei der Kausalität der Möglichkeit von vornherein der Gegensatz zu dem Gewissen sein und bleiben. Wenn ich etwas für möglich halte, so spreche ich zugleich aus, daß etwas geschehen kann, aber nicht zu geschehen braucht, und diese Ansicht kann durch die Thatsachen, wie sie auch immer eintreten, weder bestätigt noch widerlegt werden, denn ich behalte den Thatsachen gegenüber, ob die als möglich gedachten Erfolge eintreten oder nicht, stets in gleicher Weise Recht und Unrecht. So lange Können und Müssen, Möglichkeit und Nothwendigkeit unterschiedliche Begriffe sind, bleibt es eine Denkwidrigkeit, die Kausalität der Möglichkeit durch die Wirklichkeit bestätigt und widerlegt zu finden. Was in Wirklichkeit geschieht und nicht geschieht, ist eben immer nothwendig und würde deshalb stets, wie die Scheinschlüsse des Diodor und des Reichsgerichts beweisen, eine vernichtende Kritik an der Kausalität der Möglichkeit üben, wenn diese Kausalität nicht lediglich im Denken, sondern auch in den Thatsachen gesucht werden darf.

Es ist freilich einleuchtend, daß die Vorstellung des Möglichen ihren Ursprung lediglich in der Unzulänglichkeit des menschlichen Geistes hat und auf seiner mangelhaften Kenntniß der Kausalitätsfaktoren für das Geschehen im Allgemeinen, sowie im Einzelfalle beruht. Alle Gewordenheit hat sich mit Nothwendigkeit entwickelt, und es kann deshalb dem Werden gegenüber für eine geistige Kraft, welche alle in der Außenwelt wirkenden Kräfte voll zu würdigen weiß, niemals eine Möglichkeit, sondern immer nur Nothwendigkeit geben. Wie unzulänglich und streitig aber auch das subjektive Urtheil des Möglichen ist, im menschlichen Geiste liegt es unabweisbar begründet, wir können dasselbe nicht entbehren und auch nicht eliminiren, indem wir bei noch ausstehendem Erfolge Alles für möglich erklären und bei eingetretenem Erfolge nur das Wirkliche, also Nothwendige, als Kausalität anerkennen, mithin Nichts für möglich gelten lassen wollen. Mit Kant werden wir sagen dürfen: Möglich ist, was nach den formalen Gesetzen der Erfahrung geschehen kann. Diese formalen Gesetze haben nur unsere eigene gesunde Vernunft zum Richter, dadurch aber unterscheiden sie sich nicht von den anderen Gesetzen unseres Erkennens, wohl aber ist bei ihnen hervorzuheben, daß sie gleich unserer Erfahrung der Veränderung unterworfen sind und nicht nur gleich dieser nicht exakt bewiesen werden können, sondern auch des thatsächlichen Beweises stets entbehren müssen und eine Erkenntniß sind, welche in gewissem Sinne auf Unkenntniß beruht und beruhen soll.

Möglich ist es also nach diesen Gesetzen, daß Jemand einen

Andern mit einem geladenen Gewehr erschießt, unmöglich aber, daß er ihn mit einem ungeladenen Gewehr erschießt. Wie sich aber im Allgemeinen die Möglichkeit nur auf einen nach den Gesetzen unserer Erfahrung denkbaren Erfolg bezieht, so hat sie auch im konkreten Einzelfalle nur das, was nach den auf äußerlicher Aehnlichkeit der wesentlichen Kausalitätsfaktoren beruhenden Gesetzen der Erfahrung geschehen kann, zum Gegenstande. Die Möglichkeit wird aber auch im Einzelfall weder dadurch bestätigt, daß der Schütze sein Opfer trifft, noch auch dadurch widerlegt, daß er vorbeischießt. Thatsächlich war es freilich, je nach dem Erfolge, nothwendig, daß er fehlte. Die Möglichkeit ist aber eben nichts Thatsächliches, sondern spekulatives Denken. Was jemals unter richtiger Würdigung der formalen Gesetze unserer Erfahrung möglich gewesen war, hört deshalb niemals auf möglich gewesen zu sein, wenn es auch thatsächlich nicht eingetreten ist, während umgekehrt, was nach den formalen Gesetzen unserer Erfahrung für unmöglich gehalten ist, wenn es dennoch eintritt, diese Gesetze als unrichtig erweist, sie bereichert und abändert.

Es ist hier der Ort bei dem an sich schon so heiklen Thema noch besonders darauf hinzuweisen, wie sehr sprachlich die verschiedenen Begriffe der Kausalität zusammenfließen und dadurch die Trugschlüsse, mit der imaginären Größe der Möglichkeit wie mit einer existenten zu rechnen, eine Anregung und Unterstützung finden. Wir gehen davon aus, daß sich jeder Vorgang nothwendig so vollziehen mußte, wie er sich vollzogen hat, thatsächlich konnte er sich also unmöglich anders vollziehen, als er wirklich erfolgt ist. Wenn nun aber das Unmögliche der Gegensatz des Möglichen ist, so wird mit Diodor gefragt werden müssen, wie kann das Unmögliche jemals möglich gewesen sein? Die Antwort auf diese Frage liegt in der Erkenntniß, daß der Begriff des Unmöglichen sprachlich in einer doppelten, anscheinend sehr nah verwandten, aber doch unterschiedlichen Bedeutung gebraucht wird. Unmöglichkeit ist einerseits Gegensatz des thatsächlich Nothwendigen, andererseits Negation der Möglichkeit, also ein verneinendes spekulatives Denken. Es kann in Einzelfällen sehr fraglich sein, in welchem Sinne der Begriff des Unmöglichen angewandt ist. In den Sätzen, daß die Vergangenheit unmöglich geändert werden kann, daß man unmöglich Jemandem mit einem ungeladenen Gewehre erschießen kann, bedeutet unmöglich soviel, als nothwendig nicht. In diesem Sinne kann aber der Begriff des Unmöglichen nicht der Gegensatz zum Möglichen sein, weil sonst möglich so viel zu bedeuten hätte, als nicht nothwendig nicht, möglich und nothwendig also identisch wäre. Zweifelhafter wird vielleicht der Begriff des Unmöglichen bei Manchem schon in dem Satze sein, daß die Erde unmöglich jemals still stehen könne; während die Sätze, daß die Lenkbarkeit des Luftballons unmöglich erfunden werden könne, daß der Mensch unmöglich jemals würde fliegen können, doch wohl unbedenklich nur verneinende Spekulation enthalten sollen, da zureichende Kausalitätsfaktoren, welche diese Unmöglichkeit nothwendig erscheinen lassen, nicht bekannt sind. Es ist sogar denkbar, daß in Beziehung auf dasselbe Ereigniß der Begriff des Unmöglichen in seiner doppelten Bedeutung gebraucht wird. Der Satz, daß Napoleon I die Schlacht bei Leipzig unmöglich gewinnen konnte, ist gegenüber der Thatsache der Entscheidung der Schlacht eine Trivialität, gegenüber aber der Spekulation, welche in der Mitwirkung einer unendlichen Kette jeder menschlichen Voraussicht spottender Kausalitätsfaktoren ihre Berechtigung findet, eine Vermessenheit. Dadurch, daß er die Schlacht verloren hat, ist nach menschlicher Vorstellung keineswegs entschieden, daß er sie nicht hätte gewinnen können, und die Frage nach der Konstellation Europas, wenn er sie unglücklicher Weise gewonnen hätte, ist eine wohl aufzuwerfende, während sie eine fast unsinnige sein müßte, wenn die thatsächlichen Unwirklichkeiten sich mit den Vorstellungen der spekulativen Unmöglichkeit eines andern als des wirklichen Erfolges deckten. — Die Antithese, daß in Wirklichkeit jeder Erfolgseintritt entweder nothwendig oder unmöglich war, ist also nur insoweit richtig, als mit wirklicher Kausalität gerechnet und das Unmögliche nur als Gegensatz zu der wirklichen Kausalität des Nothwendigen verstanden wird.

Gerade dadurch, daß es widersinnig ist, für einen Erfolg, welcher nicht eingetreten ist, etwas *thatsächlich* als kausal anzunehmen, wird bewiesen, daß die Möglichkeit nichts Thatsächliches ist und es sich bei den möglichen Kausalitätsfaktoren in Bezug auf einen verflossenen oder noch ausstehenden Vorgang immer nur um eine subjektive, auf formalen Erfahrungssätzen beruhende Vorstellung handeln muß. Für solche auf formalen Erfahrungssätzen beruhende Vorstellung tritt aber der Unterschied zwischen tauglichen und absolut untauglichen Mitteln und Objekten voll ins Gewicht. *Hieraus ergiebt sich als Resultat*, daß jene Sätze — „dagegen kann kausal für den Erfolg nur eine Handlung mit Erfolg sein und hat sich für den Einzelfall die Handlung als absolut ungeeigneter Kausalitätsfaktor erwiesen, wenn der Erfolg nicht eingetreten ist" — gegenüber den thatsächlichen nothwendigen Erfolgen eine bedeutungslose Trivialität, gegenüber den gedachten möglichen Erfolgen einen wesentlichen Irrthum enthalten.

Wenn aber nach meinen Ausführungen weder Alles möglich ist, noch auch die Möglichkeit thatsächlich kontrolirt werden kann, so bleibt Angesichts des schwankenden spekulativen Begriffs für Theorie und Praxis in der Jurisprudenz und für unser Erkennen überhaupt die schwierige Frage offen: Was ist in concreto möglich? Die so gestellte Frage beruht aber wörtlich aufgefaßt auf einem Irrthume, thatsächlich möglich ist eben nichts, wirkliche Kausalitätsfaktoren giebt es nur bei der Kausalität der Nothwendigkeit, nicht bei derjenigen der Möglichkeit. Die Möglichkeit beruht immer nur auf spekulativ gedachten Kausalitätsfaktoren. Wer also von einer Möglichkeit in concreto spricht, darf, um richtig zu reden, damit nichts Anderes sagen wollen, als daß er die Spekulation der Möglichkeit mit Rücksicht auf einen ganz bestimmten Fall im Auge hat. Dieser Konsequenz wird sehr häufig in den strafrechtlichen Erkenntnissen entgegen gehandelt, und auch im Civilrecht findet man, besonders bei den möglichen und unmöglichen Bedingungen, den Begriff der Möglichkeit und Unmöglichkeit ungeklärt und sogar irrthümlich aufgefaßt. Gegenüber der von mir dargelegten Auffassung liegt es sehr nahe, nach den praktischen Regeln für die Anwendung der Spekulation der Möglichkeit zu fragen, allein ich fürchte, daß man vergeblich suchen wird, objektive Normen für die lediglich subjektive Vorstellung zu finden. Solche Resignation läßt freilich für die Spekulation der Möglichkeit eine endlose Kasuistik zu und eröffnet ein Gebiet für Dialektiker, um entgegenstehende Behauptungen mit anscheinend gleich stichhaltigen Gründen zu verfechten. Bei dem spekulativen Charakter der Möglichkeit wird aber diesem Uebelstande schwerlich zu steuern sein. Ich bezweifle deshalb auch, daß sich die Grenzen der Anwendung jenes Begriffs sehr scharf ziehen lassen und ein Versuch, dieses zu thun, fruchtbringend sein würde. Jedenfalls scheint mir aber die Theorie unseres Erkennens nicht soweit fortgeschritten zu sein, als daß die Vertiefung in diese Arbeit fester Abgrenzung zur Zeit Erfolg versprechen könnte. Vielleicht ist es auch wichtiger, den spekulativen Inhalt des Begriffs anzuerkennen, als scharfe Grenzen für denselben aufzustellen. Die Antwort auf die Frage der spekulativen Möglichkeit im Einzelfalle hängt nämlich meistens davon ab, wie viel spekulative Kausalitätsfaktoren ich in Betracht zu ziehen habe, und hiermit fällt auch der Uebergang des Begriffs der Möglichkeit in denjenigen der Wahrscheinlichkeit zusammen. Bei dem absolut untauglichen Objekte ist freilich die spekulative Möglichkeit eines Erfolges stets ausgeschlossen. Bei dem absolut untauglichen Mittel hat man es aber mit einem relativen Begriffe zu thun, und es kommt für die Annahme oder Ausschließung spekulativer Möglichkeit des Erfolges Alles auf die Fragestellung an. Nähere Andeutungen behalte ich mir für den Schluß dieses Paragraphen vor.

Hier an dieser Stelle aber muß ich der etwaigen Täuschung entgegentreten, als wenn wir im Strafrecht dem Schicksale, mit dem spekulativen Begriffe der Möglichkeit zu rechnen, entrinnen könnten und die Theorie des Reichsgerichts, wenn sie, soweit das nur immer angänglich, gesetzliche Unterlage fände, alle die aus dem spekulativen Inhalt des Begriffs der Möglichkeit entspringenden heiklen Fragen zu beseitigen vermöchte. Die Theorie des Reichsgerichts setzt richtig, wenn auch aus unzutreffenden Gründen, die Möglichkeit des Erfolges lediglich in die subjektive Vorstellung, aber freilich nicht in die subjektive Vorstellung des Menschen schlechthin, sondern nur des Thäters und setzt weiter unrichtig voraus, daß die subjektive Vorstellung des Thäters, wenn kein Erfolg eintritt, immer auf Irrthum beruhen müsse, während doch eine richtige, aber mißglückte Spekulation keinen Irrthum enthält. Wenn Jemand einen Andern erschießen will und die Kugel fliegt bei dem Andern vorüber, so hat er in Beziehung auf seine That nur geirrt, wenn er zufällig den für die Strafbarkeit derselben ganz unwesentlichen Denkfehler gemacht haben sollte, den Erfolg der Tödtung nicht als möglich und sehr wahrscheinlich, sondern als nothwendig zu erachten. Wollten wir aber auch die Theorie des Reichsgerichts von ihrer Begründung gesondert betrachten und von der Annahme ausgehen, daß aus anderweiten inneren Gründen oder auf Grund gesetzlicher Vorschriften beim Versuche nur der an den Tag gelegte böse Wille des Thäters maßgebend sein darf, so würden wir damit wohl unzweifelhaft sehr vielen Kontroversen in dem Bereiche des Versuches den Boden entziehen, keineswegs aber in der Strafrechtswissenschaft die heiklen Fragen der Kausalität der Möglichkeit vermeiden. Ich möchte sogar annehmen, daß man bei gutem Willen im Bereiche des Versuchs die Kasuistik völlig oder doch viel eher vermeiden kann, als bei Anwendung der nachstehend angezogenen Gesetzesparagraphen. So spricht insbesondere das Deutsche Strafgesetzbuch im § 223a von einer Körperverletzung mittels einer das Leben gefährdenden Behandlung, in den §§ 130 und 130a von der Gefährdung des öffentlichen Friedens, im § 92 Nr. 2 von der Gefährdung der Rechte des Deutschen Reichs, in den §§ 312 bis 314 von der Herbeiführung gemeiner Gefahr bei Ueberschwemmung, in den §§ 321 und 323 von der Gefahr für das Leben durch Zerstörung von Wasserleitungen oder durch Bewirkung der Strandung eines Schiffes, im § 315 von der Gefährdung eines Eisenbahntransportes. Bei der Gefährdung ist aber nicht der Versuch allein, sondern sie selbst eine lediglich subjektive Vorstellung; weil thatsächlich entweder das Unglück veranlaßt wurde und dann nicht bloße Gefährdung vorlag, oder thatsächlich das Unglück nicht eingetreten ist und dann auch thatsächliche Gefährdung nicht vorlag. Bei dem Begriffe der Gefährdung wird aber Niemand zur Vermeidung der Kontroversen oder aus sonstigen inneren Gründen darauf verfallen wollen, den Begriff, weil er nichts Thatsächliches enthält, nur auf den bösen Willen und den Irrthum des Thäters, also allein auf dessen subjektive Vorstellung zurückzuführen. Ich kann aber noch ein anderes Beispiel wählen, welches den unbestreitbaren Beweis führt, daß wir in der Strafrechtswissenschaft genöthigt sind, mit der Kausalität der Möglichkeit, ganz abgesehen von der subjektiven Vorstellung des Thäters, zu rechnen. Bei der nach § 316 D.St.G.B.'s strafbaren fahrlässigen Gefährdung eines Eisenbahntransportes kann der Begriff der Gefährdung selbstverständlich nicht von der Vorstellung des Thäters abhängig gemacht werden, da der Thäter gerade deshalb bestraft wird, weil er sich die Gefährdung aus Unachtsamkeit nicht vorstellt. Die fahrlässige Gefährdung des Eisenbahntransportes selbst war aber thatsächlich nie erfolgt, wenn der Transport nicht verunglückt ist, möglich aber war sie, namentlich für den in die Fahrpläne Nichteingeweihten und für denjenigen, welcher außerordentliche Fälle in Betracht zieht, wenn auch nur vorübergehend eine falsche Weichenstellung stattgefunden hatte, während umgekehrt bei der gröbsten Fahrlässigkeit, wenn durch außerordentliche, dem Eingeweihten bekannte oder auch unbekannte Umstände die Verunglückung nicht eintrat, die Verunglückung thatsächlich unmöglich war.

Wäre die Beweisführung des Reichsgerichts richtig, so würde unter Gefährdung nur die wirkliche Verunglückung zu verstehen sein. Die Unrichtigkeit dieses Resultats liegt aber auf der Hand. Umgekehrt scheint aber freilich auch das Gesetz sich für den Begriff der Gefährdung nicht mit der bloßen Möglichkeit, dem Vorhandensein eines einzigen wesentlichen spekulativen Kausalitätsfaktors begnügen zu wollen, sondern eine gewisse Wahrscheinlichkeit zu fordern. Jedenfalls haben wir es aber auch hier mit dem Begriffe spekulativer Kausalität, anscheinend sogar in seiner schwankendsten Form, zu thun, indem es bei jedem Einzelfalle dem Ermessen des Richters überlassen ist, wie viele spekulative Kausalitätsfaktoren er seiner Betrachtung unterwerfen will. Kehren wir jedoch zu dem Versuche zurück. Bei diesem soll es nach der Ansicht des Reichsgerichts prinzipiell gleichgiltig sein, in Beziehung auf welche thatsächliche Voraussetzungen, die nöthig waren, um das Verbrechen zu Stande zu bringen, der Thäter geirrt hat.

Dies Prinzip beweist jedoch eigentlich nichts zur Sache, weil es sich nicht auf alle erfolglosen Versuchshandlungen bezieht, vielmehr nur auf die mit verschiedenen Graden von Irrthum verbundenen Versuchshandlungen Anwendung finden könnte, keineswegs aber dazu nöthigt, die ungefährlichen Versuchshandlungen den gefährlichen gleichzusetzen, denn bei diesen letzteren braucht überhaupt, wie schon vorher bemerkt wurde, kein Irrthum vorzuliegen. Es ist nicht ausgeschlossen, daß der Verbrecher mit tauglichen Mitteln und am tauglichen Objekte erfolglos gehandelt hat, ohne sich bei irgend welchen thatsächlichen Voraussetzungen im Irrthum zu befinden. Er sieht sich zwar durch die Erfolglosigkeit in seinen Hoffnungen und Erwartungen getäuscht, das ist aber entweder überhaupt kein Irrthum oder höchstens, wie vorher ausgeführt wurde, ein irrelevanter. Zu dem Irrthume, der allein als solcher bezeichnet werden darf, gehört, daß man bei Ausübung der Versuchshandlungen von Umständen, die der menschliche Geist richtig wissen kann, eine falsche Vorstellung hat, nicht aber darf die Unkenntniß von Umständen, die außerhalb der menschlichen Berechnung liegen, Irrthum genannt werden.

Sodann ist aber auch jenes Prinzip unhaltbar, sobald die

spekulative Möglichkeit des Erfolges als ein zulässiger und deshalb als ein bei dem Anfange der Ausführung einer That erforderlicher Begriff anerkannt wird, weil es bei Anerkennung dieses Begriffs gerade umgekehrt bei jeder Versuchshandlung, bei welcher ein Irrthum stattgefunden hat, darauf ankommen muß, in Beziehung auf welche thatsächliche Voraussetzungen geirrt worden ist? Der Inhalt des Irrthums kann dann nur allein für die Beantwortung der Frage entscheidend sein, ob so geirrt worden ist, daß eine spekulative Möglichkeit des Erfolges vorlag oder daß sie ausgeschlossen war, ob also die Ausführung der That begonnen hat oder nicht?

Sind demnach Versuchshandlungen gegen ein taugliches Objekt und solche gegen ein absolut untaugliches nur gleich zu beurtheilen, wenn das Gesetz dies vorschreibt, während zwischen diesen Handlungen ein nie zu widerlegender begrifflicher Unterschied besteht, so kann auch bei der Beurtheilung des Einzelfalles unter Festhaltung des begrifflichen Unterschiedes eigentlich keine Schwierigkeit erwachsen, weil in solchem Falle die Spekulation der Möglichkeit keiner schwankenden Auffassung ausgesetzt ist. Wie schon vorher angeführt wurde, ist bei einem absolut untauglichen Objekte die spekulative Möglichkeit des Erfolges für jeden nicht in falsche Vorstellungen befangenen Menschen immer ausgeschlossen, beim Versuch am absolut untauglichen Objekte ist also der Irrthum in den Thatsachen stets derartig, daß dadurch ein objektiver Anfang der Ausführungen der That nicht eintreten konnte.

Ganz anders verhält sich aber freilich die Sache bei den Versuchshandlungen mit absolut untauglichen Mitteln. Hier hat eine kasuistische Dialektik durch geschickte Heranziehung der relativ untauglichen Mittel, verbunden mit einer falschen Fragestellung, für eine Anzahl als Beispiele erdachter Einzelfälle die größte Verwirrung geschaffen. Diese Verwirrung beruht im Grunde genommen darauf, daß es überhaupt nur relativ untaugliche Mittel geben kann und während dies mehr oder weniger richtig erkannt wurde, andererseits wiederum übersehen worden ist, daß sich unter der Gesammtzahl der relativ untauglichen Mittel eine Klasse begrifflich abhebt, welche einer besonderen Benennung bedarf, und diese bezeichnend in dem Ausdruck „absolut untauglich" gefunden hat. — Ein Mittel ist nämlich an sich weder tauglich noch untauglich. Ein Mittel muß seinem Begriffe nach stets in Relation mit dem beabsichtigten Zwecke gedacht werden, ohne diese Relation ist der Begriff des

Mittels nicht vorhanden. Hieraus ergiebt sich, daß die absolute Untauglichkeit eines Mittels, welche jede spekulative Möglichkeit des Erfolges ausschließt, auch nur relativ zu dem bestimmt beabsichtigten Zweck gedacht werden kann. In diesem Sinne giebt es in der That absolut untaugliche Mittel, welche sich begrifflich von allen andern relativ untauglichen Mitteln, denen nicht von vornherein die spekulative Unmöglichkeit zur Erreichung des beabsichtigten Erfolges beiwohnt, unterscheiden. Um sich aber bei dem relativen Begriff des Mittels im Einzelfalle davon zu überzeugen, ob dasselbe absolut ungeeignet war, den beabsichtigten Zweck zu erreichen, kommt alles darauf an, die Frage darauf zu beschränken, ob die Anwendung des Mittels zur Erreichung des bestimmten Erfolges schlechthin ungeeignet ist? Aus diesen Erwägungen folgt, ohne daß ich mich auf Entscheidung von Kontroversen einlassen möchte, beispielsweise, daß ein Verbrecher, welcher aus zu großer Distanz seine mit Blei geladene Schußwaffe auf das erwählte Opfer abfeuerte, sich eines tauglichen Mittels bediente, da jene Schußwaffe nicht aufhört, ein zum Erschießen geeignetes Werkzeug zu sein, wenn sie auch im Einzelfalle Jemand aus zu großer Entfernung abgefeuert hat. Andererseits wird aber deshalb, weil ein Strohhalm geeignet sein kann, als Mittel zur Tödtung eines Menschen zu dienen, niemals angenommen werden dürfen, wie schon von anderer Seite zutreffend hervorgehoben ist, daß ein Strohhalm ein taugliches Mittel sei, einen Menschen zu erschlagen. — Man gelangt aber sofort zu einem andern Resultate, wenn man das Urtheil der spekulativen Möglichkeit nicht auf den Kausalitätsfaktor des angewendeten Mittels zu dem beabsichtigten Erfolge beschränkt, sondern noch andere Kausalitätsfaktoren des Einzelfalles in Betracht zieht. Wenn ich also, um bei dem angeführten Beispiele zu verbleiben, die Frage stelle, ob in dem bestimmten Einzelfalle bei der Entfernung, aus welcher der Schuß fiel, es möglich war, mit der in Betracht kommenden Schußwaffe einen Schaden zuzufügen? Mit dieser Fragestellung werden zwischen die für den bestimmten Zweck absolut untauglichen und die tauglichen Mittel die relativ untauglichen, das heißt, die nach der Art ihres Gebrauchs im Einzelfalle untauglichen eingeschoben und es wird das Urtheil der spekulativen Möglichkeit den erheblichsten Schwankungen ausgesetzt, da es an einem festen Kriterium für die Anzahl der bei jedem Einzelfalle heranzuziehenden spekulativen Kausalitätsfaktoren mangelt. Man darf aber die relativ untauglichen Mittel nicht mit den absolut untauglichen begrifflich gleichstellen, denn bei jenen besteht ohne Berücksichtigung der näheren Umstände des Einzelfalles eine spekulative Möglichkeit des Erfolges, bei diesen aber nicht und deshalb ließe sich meines Erachtens die unerschöpfliche Kasuistik der relativ untauglichen Mittel von den Anhängern und von den Gegnern der Straffreiheit des Versuchs mit absolut untauglichen Mitteln, von vornherein abweisen. Wenn es aber dennoch streitig sein kann, ob gegenüber dem Wortlaute des Gesetzes es auf den Unterschied zwischen dem Versuche mit absolut und relativ untauglichen Mitteln ankommt, so kann doch aus der Entscheidung dieses Streites für sich allein eventuell nur die strafrechtlich gleiche Behandlung jener begrifflich zu unterscheidenden Versuchshandlungen, nicht aber ihre Strafbarkeit gefolgert werden. Vollends irrig ferner ist die Meinung, daß sich bei jedem mißglückten Versuche am tauglichen Objekte, das angewandte Mittel als wenigstens relativ untauglich gezeigt hat. Das Mittel kann trotz des mißglückten Versuchs tauglich gewesen sein, die relative Untauglichkeit läßt sich nicht aus dem Erfolge rückwärts schließen, sondern bedeutet, daß bei der Art, wie das Mittel gebraucht ist, die spekulative Möglichkeit eines Erfolges fehlte. Wer sich durch eine meines Erachtens nicht zutreffende Konsequenz genöthigt sieht, auch einen Versuch mit relativ untauglichen Mitteln für straffrei zu erklären, der kommt dadurch keineswegs zu der Konsequenz, jeden mißglückten Versuch für straflos zu halten, er gelangt vielmehr zu dem vorher erörterten und im Strafrecht anerkannten Begriffe der Gefährdung und fordert damit für die Strafbarkeit des Versuchs nicht eine bloße Möglichkeit, sondern eine Wahrscheinlichkeit des Erfolges.

§ 3c.

III. Gruppe.

Die dritte Gruppe trägt ganz das Gepräge der vorigen. Sie sagt, daß es eine theilweise Vollendung nicht giebt. Sie hat insofern Recht, als die Vorstellung der theilweisen Vollendung, wenn mit ihr als mit etwas Seiendem gerechnet wird, unleugbar einen sich selbst aufhebenden Widerspruch in sich trägt. Aber auch hier begegnen wir einem nur beziehentlichen Denken, das an konkrete Erscheinungen der Außenwelt anknüpft, selbst aber eine Vorstellung von allgemeiner Gültigkeit zwar, aber ohne objektive Wahrnehmbarkeit ihres Korrelats, also ein Denken und kein Sein ist. — Das Ganze und seine Theile ist eine von dem menschlichen Geiste mitgebrachte beziehende Form des Denkens, denn auch das Ganze hat als solches ebenso wenig wie die Zahl als solche irgend welchen Inhalt, welcher veranschaulicht werden könnte. Zahl und Ganzes sind also als inhaltslos bloße Denkformen. Das Ganze entspricht aber insofern dem Nothwendigen, als es in der Wirklichkeit existiren kann und nach unserer Ueberzeugung auch wirklich existirt, während die Theile gleich der Vorstellung der Möglichkeit nur in der menschlichen Seele leben und niemals wirklich werden können. In der Wirklichkeit kann es keine Theile geben, denn der ideelle Theil ist das Ganze in Bezug auf seine Theilbarkeit gedacht, der reelle Theil ist selbst ein Ganzes in Bezug auf ein größeres Ganzes gedacht. Hier zeigt sich wieder, was häufig unbeachtet bleibt, daß nämlich das unbefangene Denken verwickelten Deduktionen gegenüber im Vortheile ist und es eine große Gefahr in sich birgt, wenn man zu Resultaten gelangt, die dem unbefangenen Denken widerstreiten. Jedermann spricht unbefangen von einem Anfange der Ausführung und einer theilweisen Vollendung und er operirt hierbei mit berechtigten und unentbehrlichen Vorstellungen, welche also keineswegs auf subjektivem Irrthum, sondern auf einer im Geiste der Menschen wahrhaft vorhandenen Denkform beruhen. Anfang der Ausführung, theilweise Vollendung sind als reelle Theile zu einem ideellen Ganzen gedacht. Einleuchtender Weise muß aber bei diesem Gedanken das ideelle Ganze spekulativ möglich sein. Anfang der Ausführung ist deshalb auch nur bei spekulativ möglichem Erfolge denkbar. Diese Deduktion führt zu dem Resultate des vorigen Paragraphen.

§ 4.

Durch die vorstehenden Ausführungen glaube ich erwiesen zu haben, daß beim Versuche innere Gründe nicht dazu nöthigen können, taugliche Mittel und Objekte den untauglichen gleichzusetzen. Zum Mindesten erscheinen die dafür geltend gemachten Deduktionen des Reichsgerichts unhaltbar. Für einen noch ausstehenden Erfolg ist nicht jede Handlung möglich, auch kann kausal für einen Erfolg eine Handlung ohne Erfolg sein. Zwischen der subjektiven irrthümlichen Anschauung des Thäters, der sich in den Mitteln derartig vergreift oder im Objekte derartig irrt, daß seiner Handlung jede

Möglichkeit eines Erfolges fehlt und der subjektiven Anschauung des Menschen, der zwar mit richtiger kausaler Spekulation auf einen möglichen Erfolg dennoch aber erfolglos handelt, liegt ein tief begründeter, nicht nivellirbarer Unterschied. Nach der allgemein gültigen, im menschlichen Geiste wahrhaft vorhandenen und in diesem Sinne objektiven Denkweise des Menschen giebt es für ihn den richtigen und unentbehrlichen Begriff der theilweisen Vollendung und des Anfangs der Ausführung.

Wenn dies aber Alles richtig ist, so fragt es sich, ob sich nicht aus inneren Gründen die Straflosigkeit des Versuchs mit absolut untauglichen Mitteln und am absolut untauglichen Objekte ergiebt. Das Urtheil des Reichsgerichts nimmt aber mit Recht an, daß die Unrichtigkeit dieses Standpunktes schon längst wissenschaftlich dargethan ist. Es genügt, darauf hinzuweisen, daß bei dem Versuche mit absolut untauglichen Mitteln und am absolut untauglichen Objekte der böse Wille, wenn auch durch an sich ungefährliche Handlungen, doch immerhin verkörpert erscheint und somit die unumgänglichen Requisite für einen Vorgang, welchen die Gesetze mit Strafe belegen können, vorhanden sind. Man wird hiergegen nicht einwenden dürfen, daß jene erfolglosen Handlungen nur in der subjektiven Vorstellung des Thäters den bösen Willen verkörpern, denn die Verkörperung ist eine objektiv wahrnehmbare und die subjektive Vorstellung des Thäters hindert nicht die reale Aeußerung seines bösen Willens, sondern beweist nur seinen Irrthum und zwar beispielsweise bei dem untauglichen Mittel den Irrthum über das Mittel selbst, wenn er sich in diesem vergreift, den Irrthum über die qualitative Tauglichkeit des Mittels, wenn es absolut oder auch nur relativ so untauglich war, daß im konkreten Falle ein Erfolg unmöglich eintreten konnte. Ein Fehlschluß ist es freilich, einen gleichen Irrthum auch bei dem Versuche mit tauglichen Mitteln und am tauglichen Objekte als vorliegend anzunehmen, allein das Vorhandensein jenes Irrthums kann einen zureichenden Grund für die Straflosigkeit des an den Tag gelegten bösen Willens nicht abgeben.

Wenn aber in der That innere Gründe zu keiner bestimmten Entscheidung, ob der hier fragliche Versuch strafbar oder straflos sein müsse, nöthigen können, so ist man für Beantwortung der Frage in erster Linie auf den Wortlaut des Gesetzes angewiesen. Das Gesetz spricht aber von einem „Anfange der Ausführung“ und wenn ein solcher Anfang auch thatsächlich nie vorhanden sein kann, so existirt er doch in gewissem Sinne objektiv als ein zulässiger und richtiger Begriff, und ich halte deshalb die Interpretation, nach welcher die Worte gefaßt werden, daß sie sich auf Handlungen beziehen, welche der Thäter in seiner irrthümlichen Vorstellung für einen Anfang der Ausführung hält, für ausgeschlossen. Hierin wird mir wohl auch Jedermann beipflichten, der einverstanden mit meinen vorherigen Ausführungen anerkennt, daß es einen allgemein gültigen von dem subjektiven Irrthum des einzelnen Menschen unabhängigen Anfang der Ausführung giebt. Dieser Auslegung bedient sich auch erfahrungsmäßig, trotz der Entscheidung des Reichsgerichts, das Laienelement in den Schwurgerichten, obwohl der populäre Gedanke, daß es nicht das Verdienst des übelwollenden Thäters ist, wenn er sich über die Aussichtslosigkeit seiner Handlungen täuschte, doch gewißlich Verlockungen zu einer entgegengesetzten Interpretation hinlänglich bietet. Selbst aber für den Fall, daß eine doppelte Auslegung jenes Begriffs zulässig wäre, müßte doch unbedenklich nach den allgemein geltenden strafrechtlichen Grundsätzen die dem Thäter günstigere gewählt werden. Man darf sich ferner auch nicht verhehlen, daß die Straflosigkeit des hier fraglichen Versuches dem Geiste unseres Strafgesetzbuches mehr entspricht, als die Strafbarkeit. Unser Strafgesetzbuch ist geneigt, weniger den bösen Willen, als den dadurch erreichten Erfolg in Betracht zu ziehen. In dieser Neigung rechnet es vielfach dem Thäter einen Erfolg zu, auf welchen des Thäters Vorsatz nicht nur nicht gerichtet war, sondern den derselbe auch nicht einmal fahrlässig verschuldet zu haben braucht. Für diese bei Bestrafung des Verbrechens mehr den objektiven Thatbestand als den Dolus in Betracht ziehende Anschauungsweise erinnere ich namentlich an die mit tödtlichem Erfolg verübten Strafthaten der vorsätzlichen Körperverletzung, der Nothzucht und der Freiheitsberaubung, §§ 226, 178, 239 Abs. 3 St.G.B., sowie an den Raub mit dem Erfolge einer schweren Körperverletzung oder Tödtung, an die Brandstiftung, mit dem Erfolge der Tödtung eines Menschen, §§ 251 und 307 St.G.B., sowie an verschiedene andere gemeingefährliche Verbrechen, cf. §§ 315, 322, 324, 327, 328 St.G.B. Aus dem Geiste des Strafgesetzbuches heraus wird man deshalb mit Recht fragen können, wenn der unglückliche Erfolg dem Verbrecher zugerechnet wird, weshalb soll ihm nicht der glückliche Umstand, daß er irrthümlich unschädliche Thaten vollführte, voll zu Gute kommen?

Indem ich also die Deduktionen des Reichsgerichts nicht zutreffend finde und gegenüber den bestehenden Gesetzen dem von demselben gewonnenen praktischen Resultate nicht beipflichten kann, will ich mir nicht versagen meiner Ueberzeugung Ausdruck zu geben, daß jenes Resultat vom legislatorischen Standpunkte aus höchst wünschenswerth erscheint. Es empört das Rechtsgefühl, daß Jemand straffrei sein soll, der stehlen will und zu seiner Enttäuschung in eine leere Tasche greift, der tödten will, aber irrthümlich in eine leere Stube schießt. Es ist die Sache der fortschreitenden Rechtsentwicklung, für die Strafbarkeit einer Handlungsweise mehr und mehr den durch sie bekundeten bösen Willen, als den erreichten Erfolg in Betracht zu ziehen. In zwiefacher Hinsicht glaube ich aber vom legislatorischen Standpunkte aus Bedenken gegen die Ansicht des Reichsgerichts geltend machen zu dürfen. Sie scheint mir nämlich auf der einen Seite zu wenig weit, auf der andern Seite aber umgekehrt viel zu weit zu gehen. Nach jener Ansicht sollen vorbereitende Handlungen vom Versuche ausgeschlossen sein und dieser soll nur dann statuirt werden können, wenn ein Thatbestandsmerkmal des Verbrechens selbst erfüllt ist. Ich lasse es dahingestellt, ob diese Ansicht sich mit der Konsequenz des reichsgerichtlichen Gedankens, daß ein Anfang der Ausführung überall dann vorliegen soll, wenn der Thäter Handlungen verübt hat, die er selbst zur Ausführung geeignet hält, verträgt.

Es ist aber meines Erachtens kein innerer Grund ersichtlich, weshalb Jemand, der sich in ein Wohnhaus zur Nachtzeit einschleicht, um zu stehlen, wegen versuchten Diebstahls bestraft werden soll, wenn er sich aber einschleicht, um zu morden, straffrei bleiben muß. Ich glaube, daß man vom legislatorischen Standpunkte vor der Konsequenz, auch vorbereitende Handlungen in das Bereich der Strafbarkeit hineinzuziehen, nicht zurückschrecken darf, ungeachtet des Umstandes, daß die Beweiswürdigung dann mit besonderen Schwierigkeiten wird zu kämpfen haben. Wie oft geschieht es aber beispielsweise, daß vielfach bestrafte Diebe des Nachts mit Dietrichen und Stricken betroffen werden und sich Niemand einem berechtigten Zweifel hingeben kann, daß jene Personen auf Diebstahl ausgegangen sind, während sie wegen dieser geoffenbarten Absicht nach den bestehenden Gesetzen kaum in ihrem Vorhaben gehindert, geschweige denn zur Rechenschaft gezogen werden können. Jedenfalls hat die praktische Rechtspflege unter der Straflosigkeit der vorbereitenden Handlungen so viel Abbruch zu leiden, daß dagegen die Schwierigkeit der Beweiswürdigung bei Strafbarkeit der vorbereitenden Handlungen nicht ins Gewicht fallen kann. — Zu weit geht aber das Reichsgericht andererseits, wenn es unter allen Umständen die subjektive Vorstellung des Thäters für die Strafbarkeit des Versuchs maßgebend sein läßt. Sollen bei fortschreitender Rechtsentwicklung die Gesetze bestimmen, daß die Unrichtigkeit der Vorstellung des Thäters kein Privileg für dessen Straflosigkeit sein darf, so wird doch noch zwischen Wahn und Irrthum unterschieden werden müssen. Die Grenzen zwischen Wahn und Irrthum mögen, wie bei vielen anderen menschlichen Begriffen, zu verschiedenen Zeiten verschieden abgesteckt werden, sie sind aber zu allen Zeiten vorhanden. Für unsere Zeit sind, um krasse Beispiele herauszugreifen, das versuchte Todbeten, die versuchte Abtreibung der Leibesfrucht bei einem Manne u. s. w. Handlungsweisen, die nicht auf Irrthum, sondern auf Wahn beruhen. Auch hier ist wieder für Unterscheidung der Begriffe die Kausalität der Möglichkeit das Kriterium. Wird es einst zum Gesetze erhoben, daß als versuchtes Verbrechen erfolglose Handlungen gelten, welche der Thäter zur Verübung des Verbrechens unternommen hat, so wird auch dann immer nur der Versuch strafbar sein dürfen, wenn der Thäter ein mögliches Verbrechen auf mögliche Weise geplant hat.

Druck von Leonhard Simion in Berlin.

FSC
www.fsc.org
MIX
Papier | Fördert
gute Waldnutzung
FSC® C083411

Kolibri 360 GmbH
Ferdinand-Jühlke-Straße 7
99095 Erfurt, Deutschland
produktsicherheit@kolibri360.de